Libellus

Philosophische Texte

O vitae philosophia dux!

ausgewählt und bearbeitet
von Magnus Frisch

Ernst Klett Verlag
Stuttgart · Leipzig

Inhalt

Online-Link
623151-0001

Zugang zur *Virtuellen Vokabelkartei*

Im Internet finden Sie die Software für die *Virtuelle Vokabelkartei*.
Einfach auf www.klett.de gehen und den **Online-Link** 623151-0001
in das Suchfeld (links oben auf der Seite) eingeben.

Hinweise zur Benutzung

Philosophische Fragen beschäftigen die Menschen aller Kulturen seit langer Zeit. In unserer europäischen Kultur-Tradition können wir die Entwicklung der Philosophie seit mehr als 2500 Jahren anhand von Überlieferungen nachvollziehen. Viele Fragen, mit denen sich die griechischen und später auch römischen Philosophen beschäftigt haben, sind auch für uns heute noch sehr aktuell.
Um einen möglichst breiten Zugang zum Denken der römischen Philosophen zu bieten, wurden für diesen Band Texte von Philosophen aus verschiedenen Epochen und verschiedenen philosophischen Richtungen zusammengestellt.
Dazu wurden Autoren ausgewählt, die einerseits bereits bei ihren Zeitgenossen besondere Beachtung fanden, die andererseits aber auch über ihre eigene Zeit hinaus im Mittelalter und der Neuzeit nachgewirkt und die späteren Philosophen zur Beschäftigung und Auseinandersetzung mit ihren Schriften gereizt haben.
Aus dem Werk dieser Autoren wurden zentrale Texte zu den einzelnen Themen zusammengestellt, an denen die Beschäftigung mit diesen Themen in der Antike exemplarisch nachvollzogen werden kann. Im ersten Kapitel des Bandes wird zunächst beleuchtet, was Philosophie ist, mit welchen Themen sie sich befasst und wie man philosophiert – Fragen, die auch heute noch nichts von ihrer Bedeutung verloren haben. Im zweiten Kapitel werden die drei bedeutendsten philosophischen Schulen vorgestellt und verglichen, die in Rom gewirkt haben. Im dritten Kapitel schließlich finden sich Texte antiker Philosophen zu zentralen Fragen des menschlichen Lebens, die von zeitloser Wichtigkeit sind.
Ergänzt werden die lateinischen Texte durch weiterführende deutsche Texte sowohl neuzeitlicher als auch antiker Philosophen (in Übersetzung) sowie Lexikonartikel. Diese Texte dienen teils dazu, auf die behandelte Fragestellung einzustimmen, teils zum Vergleich antiken und modernen Denkens; immer aber sollen sie dazu anregen, selbst weiterzudenken und diese philosophischen Fragestellungen auf die eigene Lebenswelt zu beziehen.
Für die Lektüre der Texte in diesem Band wird ein Grundwortschatz von ca. 1200 Vokabeln als gekannt und beherrscht vorausgesetzt. Darüber hinaus werden ca. 400 weitere Vokabeln, die in den Texten der Schullektüre häufig vorkommen, als Lernwortschatz angegeben. Alle Vokabeln, die weder zum Grundwortschatz noch zum Lernwortschatz gehören, werden als Hilfen direkt neben dem Text angegeben.
Die Vokabeln des Lernwortschatzes werden bei ihrem ersten Auftreten im jeweiligen Kapitel in einem Kasten unter dem Text angegeben und bei ihrem weiteren Auftreten im Verlauf desselben Kapitels als gekannt vorausgesetzt. Damit die einzelnen Kapitel im Unterricht auch unabhängig voneinander verwendet werden können, werden Lernvokabeln, die bereits zum Lernwortschatz eines vorangegangenen Kapitels gehören, bei ihrem ersten Auftreten in einem späteren Kapitel erneut angegeben. Sollen nur einzelne Texte in einem Kapitel gelesen werden, ist es also nötig, dennoch das Lernvokabular der ausgelassenen Texte durchzuarbeiten. Sie finden aber den gesamten Lernwortschatz für alle drei Kapitel auch am Ende des Bandes in alphabetischer Reihenfolge, wobei zu jeder Vokabel angegeben ist, in welchen Kapiteln sie vorkommt.
Die Literaturhinweise am Ende des Bandes bieten demjenigen, der sich für die Philosophie im Allgemeinen oder speziell die antike Philosophie interessiert und sich mit den Fragestellungen und Positionen, die hier natürlich nur exemplarisch behandelt werden können, eingehender beschäftigen möchte, Anregungen zum Weiterlesen und Weiterphilosophieren.

Antike Philosophie

1 Entstehung der Philosophie – vom Mythos zum Logos

Wann genau die Philosophie begonnen hat und wer zuerst philosophiert hat, können wir zwar heute nicht mehr zweifelsfrei feststellen, erste Belege für die Beschäftigung mit wesentlichen philosophischen Fragen finden wir allerdings in den Fragmenten, die uns von den ionischen Naturphilosophen des 6. Jahrhunderts v. Chr. überliefert sind.
Bereits zuvor hatten die Menschen versucht, die Welt zu verstehen und zu erklären. Orientierung boten ihnen dabei Mythologie und Religion, die ihnen die Entstehung und den Zustand der Welt durch das Walten von Göttern erklärten.
Doch warum reichte den Menschen diese Erklärung plötzlich nicht mehr aus? Offenbar wollten sich einige Menschen nicht mehr mit den mythischen Erklärungen zufrieden geben, sie nicht mehr als selbstverständlich hinnehmen, sondern diese kritisch hinterfragen und rationale Erklärungen finden.
Wesentliche Merkmale der Philosophie sind also von Anfang an die Neugier, das Staunen und der Zweifel sowie eine kritische und rationale Einstellung.

2 Vorsokratische Philosophie

Die „philosophische Bewegung" beginnt anscheinend in Ionien, an der Westküste Kleinasiens, und verbreitet sich zunächst in den Randgebieten des griechischen Siedlungsraumes: Ionien im Osten, Unteritalien im Westen, wo die Griechen in intensivem Kontakt zu anderen Völkern und Kulturen standen. Erst im 5. Jahrhundert gelangt die Philosophie schließlich auch nach Athen. Die ersten Philosophen versuchten zunächst, die Welt und die Naturvorgänge um sich herum zu verstehen. Während Blitze, Sonnenfinsternisse und Ähnliches im Mythos durch das Walten göttlicher Mächte erklärt wurden, stellten diese „Naturphilosophen" spekulativ-erklärende Theorien auf, die sie auf der Grundlage von alltäglichen Erfahrungstatsachen, die jedem Menschen zugänglich sind, überprüften.
Eine der ersten Hauptfragen der Philosophie war die nach dem „Urstoff" (griech.: ἀρχή), aus dem alles entstanden ist und der alles bewirkt. Die ionischen Naturphilosophen diskutieren verschiedene Möglichkeiten: Während Thales von Milet (ca. 624–546 v. Chr.) das Wasser für den Urstoff hält, nimmt Anaximander (ca. 611–546 v. Chr.) das Unbegrenzte (griech.: ἄπειρον) als Urstoff an, Anaximenes (ca. 585–525 v. Chr.) dagegen die Luft.
Empedokles (492–432 v. Chr.) hält Liebe und Hass für die Grundprinzipien, welche die vier Elemente Erde, Feuer, Wasser und Luft bewegen. Leukipp (5. Jh. v. Chr.) und Demokrit (460–371 v. Chr.) argumentieren, dass alles aus unteilbaren Körperchen, den Atomen (griech.: ἄτομος ‚unteilbar'), bestehe.
Heftige Diskussionen löste ebenfalls schon im 6. Jahrhundert die Frage aus, ob es Veränderung – Werden und Vergehen – tasächlich gibt oder ob vielmehr alles unveränderlich ist und die Veränderungen, die wir wahrnehmen, nur Sinnestäuschungen sind.

3 Hinwendung zum Menschen

Zwar boten die Naturphilosophen Ersatz für die alten Welterklärungsansätze der Mythen, doch die sittlichen und moralischen Konzepte, welche Mythos und Religion boten und die das Zusammenleben der Menschen regelten, konnten sie zunächst nicht ersetzen.

Erste Ansätze einer philosophischen Ethik finden sich bei den Pythagoreern, auch wenn deren Verhaltensregeln, die auf dem Konzept der Zahlenmystik beruhen, bisweilen bizarr anmuten. Weitere Versuche finden sich bei Heraklit (ca. 536–470 v. Chr.) und auch bei Demokrit.
Eine konsequente Abwendung von der Naturphilosophie und Hinwendung zu konkreten menschlichen Problemen finden wir schließlich ab dem 5. Jahrhundert v. Chr. einerseits bei den Sophisten, andererseits bei Sokrates (469–399 v. Chr.).
Die Sophisten stellen den Menschen in den Mittelpunkt ihrer Philosophie und befassen sich besonders mit Fragen des Rechts, der Moral, der Erkenntnis und der Sprache. Sie bieten den Menschen Bildung gegen Geld an und lehren besonders die Rhetorik, also die Fähigkeit, beliebige Standpunkte überzeugend zu vertreten, eine Fähigkeit, die in der demokratischen athenischen Gesellschaft von großer Bedeutung ist. Kennzeichnend für ihre Philosophie ist eine relativistische Grundhaltung, die sich auch in ihrer Moralphilosophie zeigt. Moralische Werte sind für sie nichts allgemein Gültiges, sondern veränderbare Vereinbarungen der Menschen.

4 Sokrates

Sokrates war im Gegensatz zu den Sophisten davon überzeugt, dass es absolute und objektive Normen für das menschliche Handeln gebe, die sich vernünftig begründen lassen und allgemeine Geltung besitzen. Darum bemühte er sich, seine Mitmenschen dazu zu bringen, alles unter sittlichen Gesichtspunkten zu sehen und ihr Leben sittlich auszurichten.
Doch behauptete er nicht, weise zu sein und die sittlichen Normen und Maßstäbe zu kennen, sondern er versuchte, diese gemeinsam mit seinen Mitmenschen zu finden. Dazu sprach er mit den Leuten, denen er auf der Agora begegnete, und stellte fest, dass zwar alle glaubten, über das Gute und die Tugenden Bescheid zu wissen, dieses scheinbare Wissen einer kritischen Überprüfung aber nicht standhielt. Durch sein beharrliches Fragen erschüttert Sokrates dieses Scheinwissen und bringt seinen Gesprächspartner zu der Einsicht, nichts zu wissen. Ausgehend von dieser Einsicht bringt Sokrates seinen Gesprächspartner durch seine Fragen dazu, selbst zu Erkenntnissen zu kommen.

5 Sokrates' Nachfolger: Klassische und Hellenistische Philosophie

Zwar hat Sokrates selbst keine philosophische Schule gegründet, doch bilden sich im 4. Jahrhundert v. Chr. die ersten Philosophenschulen heraus, die von Anhängern des Sokrates gegründet werden und sich auf ihn berufen: Kyniker, Kyrenaiker, Megariker und Eleer, Akademie und Peripatos, Stoa und Epikureer.
In der Nachfolge des Sokrates befassen sich diese Schulen nicht hauptsächlich mit der Ordnung der Welt und den Vorgängen der Natur, sondern stellen die Suche nach dem Glück bzw. dem glückseligen Leben des Menschen in den Vordergrund.
So teilen die hellenistischen Philosophenschulen die Philosophie in Naturphilosophie (Physik), Moralphilosophie (Ethik) und Logik ein, befassen sich mit der Naturphilosophie und Logik jedoch z. T. nur, um ihre ethischen Konzepte darauf aufzubauen.

Die *Kyniker* vertraten die Überzeugung, dass man nur dann tugendhaft leben könne, wenn man von allen äußeren Gütern unabhängig sei. Nach dieser Überzeugung versuchten sie, so konsequent wie möglich zu leben, indem sie auf Vermögen und Eigentum verzichteten. Der wohl heute noch bekannteste Vertreter dieser Schule ist Diogenes von Sinope (ca. 412–323 v. Chr.), der in einer Tonne lebte.

Die *Kyrenaiker* suchten das Glück in der Lust, die jedoch von der Vernunft beherrscht und hinsichtlich ihrer Folgen wohlüberlegt sein sollte. Dazu – so lehrten sie – ist es nötig, die Seele zunächst von allen Vorurteilen und Leidenschaften zu befreien und sich Kenntnisse über die Welt und das Leben anzueignen.
Die *Megariker* und die *Eleer* unterscheiden sich von den anderen Schulen dadurch, dass sie die Logik (Dialektik) in den Vordergrund stellten und die Ethik nur am Rande behandelten.

Der Sokrates-Schüler Platon (427–347 v. Chr.) entwickelte die Lehre des Sokrates zu einem umfassenden und zusammenhängenden System aus Erkenntnistheorie, Metaphysik, Ethik, Psychologie und Staatsphilosophie weiter und begründete im Jahre 385 v. Chr. die *Akademie,* die bis 529 n. Chr. Bestand hatte.

Aristoteles (384–322 v. Chr.), ein Schüler der Akademie Platons, begründete 335 v. Chr. die Schule des *Peripatos,* der sich verstärkt mit einzelwissenschaftlichen Fragen, z. B. der Mathematik, Astronomie, Botanik, beschäftigte. In der Ethik lehrt Aristoteles, dass die Glückseligkeit, die von den äußeren Umständen unabhängig ist, nur durch vernunftgemäßes Leben erreicht werden könne.

Die *Stoa,* begründet von Zenon von Kition (ca. 336–264 v. Chr.), ist benannt nach der *Stoa poikile,* einer bunten Säulenhalle, wo Zenon lehrte. Ihre Philosophie ist auf Natur und Vernunft und das naturgemäße und vernunftgemäße Leben ausgerichtet. Sie basiert auf der Annahme, dass die Natur im Wesentlichen vernünftig, erklärbar und zweckgerichtet sei.
Den Schlüssel zum Glück sehen die Stoiker daher in einem Leben gemäß der Natur, das zugleich ein Leben gemäß der Vernunft ist. Die ethischen Werte teilen sie ein in an sich Gutes (die Tugenden), bloß Vorteilhaftes (z. B. Gesundheit, Wohlstand, soziale Stellung), bloß Nachteiliges (z. B. Krankheit, Armut) und an sich Schlechtes (die Laster). Das bloß Vorteilhafte und das bloß Nachteilhafte betrachten die Stoiker als „gleichgültig" für das menschliche Glück.
Zwei ihrer Hauptthesen standen in besonders starkem Gegensatz zur Lehre der anderen Schulen. Sie waren nämlich überzeugt, dass die Tugend allein ausreiche, um glücklich zu leben, und dass man die Affekte nicht nur beherrschen müsse (wie es auch andere Schulen lehrten), sondern gänzlich beseitigen.

Epikur, der zunächst in Lampsakos und Mytilene gelehrt hatte, gründete etwa um 305 v. Chr. in Athen den *Kēpos,* benannt nach dem ‚Garten', in dem Epikur lehrte. Ziel der epikureischen Philosophie ist eine Lebensführung, die dem Menschen Glück verschafft. Zu diesem Zweck betreiben sie neben der Ethik auch Naturerklärung und Erkenntnistheorie, um Unbekanntes verständlich zu machen, Unerreichbares als unwichtig zu erkennen und Unvermeidbares als akzeptabel zu erweisen.
Das höchste ethische Gut ist für die Epikureer die Lust, die sie als Freiheit von körperlichem Schmerz und geistiger Verwirrung definieren und nach der die Menschen ihrer Meinung nach von Natur aus streben. Allerdings fordern sie ein vernünftiges Abwägen von Bedürfnissen und lehnen jeglichen Überfluss ab.
Die Tugenden sind für die Epikureer nicht selbst schon das Ziel der Lebensführung, sondern lediglich Mittel, die zum Glück verhelfen können.

Ab dem 3. Jahrhundert beherrschten Stoa und Epikureismus (und daneben der Peripatos) weitgehend die philosophische Diskussion, weil sie durch ihre Konzentration auf die Ethik den Menschen in ihrer aufgewühlten und auf Grund von Kriegen und Machtkämpfen unsicheren Zeit Halt zu geben versprachen.

6 Philosophie in Rom

Im 2. Jahrhundert v. Chr. erwachte dann auch in Rom das Interesse an der griechischen Philosophie. Doch einer der ersten Kontakte stand unter ungünstigen Vorzeichen: Als im Jahre 155 v. Chr. die Athener eine Gesandtschaft nach Rom schickten, um mit dem Senat Verhandlungen in einer politischen Angelegenheit zu führen, gehörten dieser Gesandtschaft drei Philosophen an: Karneades, der Begründer der Neueren Akademie, der Stoiker Diogenes von Babylon und der Peripatetiker Kritolaos. Diese Philosophen nutzten die Gelegenheit, um in Rom öffentlich Vorträge über die Philosophie zu halten. Dabei soll Karneades an einem Tage eine sehr überzeugende Rede *für* die Gerechtigkeit gehalten haben, am folgenden Tage jedoch eine Rede *gegen* die Gerechtigkeit, welche das römische Publikum ebenso überzeugte. Empört über solche Kunstgriffe, welche es fast unmöglich machen, die „Wahrheit" zu erkennen, soll Cato der Ältere daraufhin auf eine rasche Verabschiedung dieser Gesandtschaft aus Rom gedrängt haben, wenn wir der Überlieferung glauben dürfen. Trotzdem gilt diese so genannte „Philosophengesandtschaft" als wichtiger Schritt zur Etablierung von Philosophie und Rhetorik in Rom. Denn schon wenige Jahrzehnte später wird die Philosophie auch in Rom ganz selbstverständlich eifrig betrieben, und es wurde üblich, dass nicht nur Griechen in Rom Philosophie und Rhetorik lehrten, sondern auch Angehörige der römischen Oberschicht Bildungsreisen nach Griechenland unternahmen, um dort bei berühmten Philosophen und Rhetoriklehrern zu studieren.
Dabei übten die stoische und die epikureische Philosophie wegen ihrer Konzentration auf die Ethik besonders große Wirkung auf die Römer aus.

Porträt der Autoren

Cicero

M. Tullius Cicerō (geb. 3. Jan. 106 v. Chr. in Arpīnum, ermordet 7. Dez. 43 v. Chr. bei Formiae) entstammte dem Ritterstand und kam früh nach Rom, wo er die übliche Ausbildung der Oberschicht in Rhetorik, Philosophie und Rechtswissenschaft durchlief.
Bereits unter dem Diktator Sulla erwarb er sich als Anwalt in politischen Prozessen einen Ruf.
Die Jahre 79–77 v. Chr. verbrachte er auf einer Bildungsreise durch Griechenland, wo er philosophische und rhetorische Studien betrieb.
Nach seiner Rückkehr eröffnete ihm sein Erfolg als Prozessredner Zugang zur politischen Ämterlaufbahn. Und gegen den Widerstand der Nobilität schaffte es der *homo novus* Cicero, alle Ämter zum frühestmöglichen Zeitpunkt auszuüben; so wurde er 75 Quaestor in Sizilien, 69 kurulischer Aedil, 66 Praetor und 63 schließlich Consul. Höhepunkt seiner politischen Laufbahn war die Aufdeckung und Zerschlagung der Verschwörung des Catilīna. Doch wurde Cicero 58 verbannt, weil man ihm vorwarf, dass die Hinrichtung der Rädelsführer dieser Verschwörung nicht rechtmäßig gewesen sei. Zwar wurde er bereits 57 wieder ehrenvoll zurückberufen, blieb aber danach ohne politischen Einfluss.
Die so zwangsweise gewonnene Mußezeit nutzte er für die Arbeit an staatsphilosophischen und rhetorischen Schriften, bis ihm 51 die Übernahme der Provinz Kilikien übertragen wurde. Im Bürgerkrieg schlug er sich nach vergeblichen Vermittlungsversuchen auf die Seite des Pompeius, blieb politisch aber zurückhaltend, so dass Caesar ihm 47 Verzeihung gewährte.
In der sich anschließenden Zeit erneuter erzwungener politischer Untätigkeit widmete er sich voll und ganz der philosophischen Schriftstellerei. Er verfolgte dabei das ehrgeizige Vorhaben, die wichtigsten Bereiche der griechischen Philosophie in lateinischer Sprache zu behandeln und so den Römern zugänglich zu machen.
Nach Caesars Tod übernahm er die Führung der Senatspartei, die versuchte, die alte republikanische Ordnung wiederherzustellen, wurde jedoch nach dem Zusammenschluss des Zweiten Triumvirats auf die Proskriptionsliste gesetzt und schließlich ermordet.

Horaz

Q. Horātius Flaccus (geb. 8. Dez. 65 v. Chr. in Venusia, gest. 27. Nov. 8 v. Chr.) war Sohn eines Freigelassenen, der seinen Lebensunterhalt als Steuereinnehmer verdiente und seinem Sohn eine gründliche Ausbildung in Rom und Athen finanzierte. Die Beschäftigung mit der griechischen Literatur, Philosophie und Kunst prägte ihn und sein Werk nachhaltig.
Nachdem er im Bürgerkrieg als Militärtribun auf der Seite der Caesarmörder gestanden hatte, wurde er unter Augustus enteignet und musste seinen Lebensunterhalt als Schreiber im Staatsdienst verdienen.
Während dieser Zeit dichtete er Epoden nach dem Vorbild des Archilochos. 38 v. Chr. wurde er von Vergil in den Maecenas-Kreis eingeführt und in der Folge entwickelte sich eine Freundschaft mit Maecenas, der ihm ein Landgut schenkte und ihm ein sorgenfreies Leben ermöglichte, so dass er sich ganz der Dichtung widmen konnte. Durch seine Zugehörigkeit zum Maecenas-Kreis geriet er auch in die Nähe des Kaisers Augustus, doch lehnte er eine feste Anstellung beim Kaiser ab, um als Dichter unabhängig zu bleiben.
Neben den Epoden dichtete Horaz Satiren, in denen er soziale und philosophische Fragen behandelt, indem er menschliche Fehler und Schwächen deutlich macht, Epistulae mit

ähnlichen Themen, die jedoch stärker autobiographisch orientiert sind, sowie Oden (carmina), die u. a. den Themen Liebe, Geselligkeit, Wein und Freundschaft, aber auch der Verherrlichung des Augustus und seiner Politik gewidmet sind.

Seneca

L. Annaeus Seneca (der Jüngere) (geb. um 4 v. Chr. in Corduba (Spanien), gest. Apr. 65 n. Chr. in Rom) entstammte einer wohlhabenden spanischen Familie aus dem Ritterstand und kam früh nach Rom, wo er zunächst die übliche sprachliche und rhetorische Ausbildung sowie eine philosophische Ausbildung erhielt.
Im Anschluss daran schlug er die politische Laufbahn ein und erwarb sich schnell den Ruf eines bedeutenden Redners. In der Zeit von 41-48 n. Chr. lebte er aufgrund einer Intrige am Kaiserhof in der Verbannung auf Korsika, aus der er 49 zurückberufen wurde. Zurück in Rom wurde er Erzieher des jungen Nerō. Als dieser 54 Kaiser wurde, übernahm Seneca gemeinsam mit Sex. Āfrānius Burrus, dem Praefekten der Praetorianergarde, die Leitung der Innen- und Außenpolitik Roms, wobei er sich durch die Gunst des Kaisers großen Reichtum erwarb.
Doch nach der Ermordung seiner Gönnerin Aggripīna, der Mutter Neros, im Jahre 59 n. Chr. verschlechterte sich sein Verhältnis zum Kaiser und nach dem Tod des Burrus, 62 n. Chr., zog er sich aus der Politik zurück. Schließlich zwang Nerō ihn 65 n. Chr. zum Selbstmord, weil er Mitwisser der Verschwörung des C. Calpurnius Pīsō gewesen sein soll.
Neben seiner politischen Tätigkeit und dem Abfassen von Reden, die uns nicht überliefert sind, hat Seneca Tragödien gedichtet, von denen neun erhalten sind, und eine Vielzahl philosophischer Schriften verfasst, die sich besonders mit Problemen der praktischen Moral beschäftigen. Er gehörte der philosophischen Schule der jüngeren Stoa an und gilt als deren Hauptvertreter.

Augustinus

Aurēlius Augustīnus (geb. 13. Nov. 354 n. Chr. in Thagaste (Numidien), gest. 28. Aug. 430 n. Chr. in Hippō Rēgius (Numidien)), einer der Kirchenväter, war Sohn eines heidnischen Beamten und einer eifrigen Christin. Nach dem Studium der Rhetorik in Karthago schlug er zunächst die Rhetorenlaufbahn ein.
Nachdem er zunächst der Sekte der Manichäer angehört hatte, entschied er sich 387 für das katholische Christentum und ließ sich taufen, 391 wurde er zum Presbyter ordiniert, ab 395 war er Bischof in Hippō Rēgius (nahe Karthāgō).
Er verfasste eine beeindruckende Anzahl theologischer Schriften – die bedeutendsten darunter sind die autobiographischen *Confessiones* und das umfangreiche Werk *De civitate Dei* –; daneben befasste er sich intensiv mit der Philosophie.

Boëthius

Anicius Mānlius Torquātus Sevērīnus Boëthius (geb. um 480 n. Chr., hingerichtet 524 n. Chr.) entstammte einer Adelsfamilie und war dem Christentum zugeneigt.
Nachdem er lange Jahre als Beamter am Hofe des Ostgotenkönigs Theoderich in Ravenna gedient hatte, ließ dieser ihn schließlich wegen angeblicher konspirativer Verbindungen zum oströmischen Reich einkerkern und hinrichten.
Boëthius hinterließ ein umfangreiches Werk an Übersetzungen und Kommentaren zur griechischen Philosophen sowie Traktate zur Logik, Arithmetik, Musik und Theologie. Seine letzte Schrift, die *Consolatio Philosophiae*, verfasste er während seiner Haft.
Für Boëthius galt die Philosophie nicht nur als theoretische Weisheit und Inbegriff aller Wissenschaften, sondern zugleich als politische und moralische Handlungsanleitung – sozusagen als „Wegweiserin“ für die Gestaltung des eigenen Lebens.

1 Was ist Philosophie?

1.1 Zum Einstieg

1 Erläutern Sie Ihre persönlichen Vorstellungen von Philosophie.
2 Nennen Sie philosophische Fragestellungen, mit denen Sie bereits inBerührung gekommen sind. Bei welchen Gelegenheiten ist das geschehen?

Philosophieunterricht im Mittelalter

1.1.1 Definition

Schülerduden Philosophie, Das Fachlexikon von A-Z, Mannheim/Leipzig/Wien/Zürich: 3., völlig neu bearbeitete Auflage, Dudenverlag 2009. S. 316 – 317.

Philosophie. [zu griechisch *phílos* »Freund« und *sophía* »Weisheit«] [...] Bei dem Versuch, Philosophie zu definieren, stößt man auf ganz charakteristische Schwierigkeiten, die im Wesen der Philosophie selbst begründet liegen. Während sich andere Wissenschaften (wie Mathematik und Psychologie) durch Angabe eines spezifischen Gegenstandsbereiches (etwa den Zahlen oder den menschlichen Handlungen) oder durch Auszeichnung bestimmter Methoden (axiomatisch-deduktiv[1] bzw. empirisch[2]) kennzeichnen lassen, scheitert dieser Versuch im Fall der Philosophie. Bis heute ist es nicht gelungen, eine Methode als *die* philosophische Methode zu etablieren, noch viel weniger, einen umfassenden Gegenstandsbereich für sie anzugeben. [...] Deshalb verfügt die Philosophie auch nicht wie andere Wissenschaften über einen gesicherten Bestand an allgemein anerkanntem Wissen, das sich in verbindlicher Weise in Lehrbüchern darstellen ließe. Stattdessen ist ein charakteristischer Zug von ihr, dass sie das einmal Akzeptierte stets aufs Neue befragt und bereits erzielte Einsichten wieder in Frage stellt. Viele Philosophiehistoriker nehmen an, dass sich die Grundprobleme der Philosophie seit der Vorsokratik unverändert durch die Philosophiegeschichte hindurchziehen [...]. *Alles* kann dem Philosophen, im Gegensatz zum Einzelwissenschaftler, zum Gegenstand des Philosophierens werden.

1 axiomatisch-deduktiv: durch Ableitung aus als wahr anerkannten Grundsätzen – **2** empirisch: durch Beobachtung/Erfahrung; experimentell

Analyse und Interpretation

3 Erklären Sie, warum es so schwer ist, Philosophie zu definieren.
4 Was kennzeichnet die Philosophie?

1.1.2 Weiterführender Text: Philosophie – die Kunst, überall mitzureden?

Der Schweizer Philosoph und Schriftsteller Andreas Urs Sommer (*1972) schreibt zum Thema „Philosophie“:

Andreas Urs Sommer, Die Kunst, selber zu denken. Ein philosophischer Dictionnaire. Frankfurt am Main: Eichborn 2002 (Die Andere Bibliothek). S. 202 – 203.

Philosophie. Die Kunst, überall mitzureden, ohne zuständig zu sein, und doch immer etwas zu sagen zu haben. Nichts gibt es, was den Philosophierenden so unbedingt angeht, daß er dafür Partei ergreifen müßte. Sein Geschäft ist es, sofern er eines hat, Distanz zu wahren, Mißtrauen zu schüren und, allenfalls, Interesse zu bekunden. Man sieht: Philosophie ist zur-Disposition-Stellen *ex professo*[1].
Die Philosophie hat sich mir beliebt gemacht, weil in ihr jene universelle Halbbildung gefragt ist, über die ich verfüge: Jener Umgang mit dem Wissen der Tradition und Gegenwart, der sich alles aneignen und alles zu seinem Nutzen ausbeuten darf, nichts aber unbedingt zu wissen braucht und in jedem Fall von Kritik seitens der „Experten“ das Große Ganze vorschützen darf, um das es einzig gehe, und dem eine Retusche im Detail nichts anhabe. Erst die Naivität des Unwissens kann zur Philosophie führen. [...] Philosophie ist, hat vermutlich Odo Marquard[2] einmal bemerkt, wenn man trotzdem denkt. Was nicht heißt, daß sie eine beliebige Selbstexkulpationsstrategie[3] wäre, die mir immer wieder hilft, den Kopf aus der Schlinge zu ziehen, und immer dann „Ist gerettet!“ skandiert, wenn ein „Ist gerichtet!“ zu vernehmen ist. Daß Philosophie einen dennoch über mancherlei hinwegtröstet, hindert dies nicht. Falls die Welt also eine durch und durch verwaltete und es die Aufgabe der Philosophie sein sollte, Freiheit zu schaffen, so womöglich die Freiheit der letzten Zigarette, bevor man durch den Fleischwolf gedreht wird.
Philosophie ist nach alledem eine Verunsicherungswissenschaft. Wissenschaft in sehr viel eingeschränkterem Sinne als Verunsicherung.

1 ex professo: berufsmäßig, von Amts wegen – **2** Odo Marquard: *1928, deutscher Philosoph – **3** Exkulpation: Schuldbefreiung, Entlastung

Analyse und Interpretation

1. Erklären Sie, wie Sommer die Philosophie charakterisiert.
2. Erörtern Sie, inwiefern Philosophie zur „Verunsicherung“ führen kann.

Die Schule von Athen (Fresko von Raffael)

1.2 Begriffsbestimmung: Was ist *Philosophie*?

1.2.1 Die vollkommene Philosophie

Zu Beginn seiner *Tusculanae disputationes* beschreibt Cicero Disziplinen und Errungenschaften der griechischen Wissenschaften und Künste: Dichtung, Malerei, Musik, Geometrie und Mathematik, Rhetorik und Philosophie. Während die meisten dieser Disziplinen von den Römern lange Zeit vernachlässigt worden waren, hatten sie jedoch die Redekunst sehr schnell von den Griechen übernommen.
Cicero vergleicht nun die Entwicklung der Philosophie in Rom mit derjenigen der Redekunst und stellt die Bedeutung der Philosophie heraus.

Sprachliche und inhaltliche Vorerschließung

1 Vermuten Sie, was mit *lumen litterarum Latinarum* (Z. 2) gemeint sein könnte.
2 Suchen Sie alle Vokabeln aus dem Text heraus, die zum Sachfeld *Rhetorik* gehören.
3 Wie wird Aristoteles von Cicero charakterisiert? (Z. 14–19)
4 Suchen Sie alle *nd*-Formen aus dem Text heraus und klären Sie deren Funktion.

Cicero, Tusculanae disputationes I, 5–7 (gekürzt)

[...] Philosophia iacuit usque ad hanc aetatem nec ullum habuit lumen litterarum Latinarum; quae[1] illustranda et excitanda nobis[2] est, ut, si occupati[3] profuimus aliquid civibus nostris, prosimus etiam, si possumus, otiosi.

In[4] quo eo magis nobis est elaborandum, quod multi[5] iam esse libri dicuntur scripti inconsiderate ab optimis illis quidam viris, sed non satis eruditis. Fieri autem potest, ut recte quis[6] sentiat et id, quod sentit, polite eloqui non possit.

[...] Quare[7] si aliquid oratoriae laudis nostra attulimus industria, multo studiosius philosophiae fontis[8] aperiemus, e quibus etiam illa[9] manabant.

Sed ut Aristoteles, vir summo ingenio, scientia, copia, cum motus esset Isocratis rhetoris gloria, dicere docere etiam coepit adulescentes et prudentiam cum eloquentia iungere, sic nobis[10] placet nec pristinum dicendi studium deponere et in hac maiore et uberiore arte versari. Hanc enim perfectam philosophiam semper iudicavi, quae de maximis quaestionibus copiose posset ornateque dicere. [...]

iacēre, iaceō, iacuī *hier:* daniederliegen, nicht beachtet werden
excitāre *hier:* zum Leben erwecken
ēlabōrāre *hier:* sich bemühen
incōnsīderātus, -a, -um unüberlegt; übereilt
polītus, -a, -um *hier:* fein, gebildet
ēloquī aussprechen, sich äußern
aliquid ōrātōriae laudis irgendetwas zum Lob der Redekunst
mānāre fließen
cōpia, -ae *f. hier:* Wissensfülle, Fähigkeit
rhētor, -oris *m.* Redner
über, -eris fruchtbar, ergiebig

1 quae: relat. Anschluss – **2** nōbīs = mihī – **3** occupātī/ōtiōsī: Prädikativa – **4** In quō: relat. Anschluss – **5** multī iam esse librī dicuntur scriptī ...: NcI – **6** quis: statt aliquis – **7** Quārē ... industria: Cicero hat sich auch intensiv mit der Redekunst beschäftigt und dazu mehrere Bücher verfasst. – **8** fontis: Akk. Pl. = fontēs – **9** illa: gemeint sind die Schriften Ciceros über die Redekunst – **10** nōbīs = mihī

LERNWORTSCHATZ

Virtuelle Vokabelkartei

philosophia, -ae *f.*	Philosophie; ‚Liebe zur Weisheit'
illūstrāre, illūstrō, illūstrāvī, illūstrātum	erläutern; verschönern, berühmt machen
prōdesse, prōsum, prōfui, prōfuturus	nützlich sein, nützen
ōtiōsus, -a, -um	frei von Pflichten, müßig; wissenschaftlich tätig
eō magis	umso mehr
ērudīre, ērudiō, ērudīvī, ērudītum	unterrichten
fierī, fīō, factus sum	werden, gemacht werden, geschehen
industria, -ae *f.*	Fleiß
afferre, afferō, attulī, allātum	herbeitragen, beitragen
multō *abl. mensurae*	viel, um vieles
studiōsus	eifrig (bemüht)
scientia, -ae *f.*	Wissen, Kenntnis
ēloquentia, -ae *f.*	Beredsamkeit
versārī, versor, versātus sum	sich aufhalten, sich beschäftigen mit
quaestiō, -iōnis *f.*	Frage, Untersuchung
cōpiōsus, -a, -um	reichlich

Analyse und Interpretation

5 Erläutern Sie, warum sich Cicero mit der Philosophie beschäftigt.

6 Erklären Sie das Verhältnis der Redekunst zur Philosophie.

7 Worin sieht Cicero die *vollkommene Philosophie*?

Aristotelēs, -is *m.*
384 – 322 v. Chr, griech. Philosoph, bedeutendster Schüler der Akademie Platons, Gründer des Peripatos, einer eigenen philosophischen Schule

Isocratēs, is *m.*
436/35 – 338 v. Chr., attischer Redner, der die Redekunst stilistisch vervollkommnete.

Philosophieunterricht in Rom

1.2.2 Philosophie und Weisheit

Seneca vergleicht Philosophie und Weisheit miteinander und grenzt die beiden Begriffe klar voneinander ab.

Sprachliche und inhaltliche Vorerschließung

1 Versuchen Sie, *Weisheit* zu definieren. Erörtern Sie, inwiefern sich die Weisheit von der Philosophie unterscheidet.

2 Suchen Sie alle Passiv-Formen aus dem Text heraus und übersetzen Sie diese ins Deutsche. Suchen Sie anschließend die dazu passenden Aktiv-Formen aus dem Text heraus.

Seneca, Epistulae morales ad Lucilium 89, 4–6

Primum itaque, si[1] videtur tibi, dicam, inter[2] sapientiam et philosophiam quid intersit. Sapientia perfectum bonum est mentis humanae; philosophia sapientiae amor est et affectatio; haec ostendit, quo illa pervenit. Philosophia unde dicta sit, apparet; ipso enim nomine fatetur, quid amet.

Sapientiam quidam ita finierunt, ut dicerent divinorum et humanorum scientiam; quidam ita: sapientia est nosse[3] divina et humana et horum causas. Supervacua mihi haec videtur adiectio, quia causae divinorum humanorumque pars divinorum sunt. Philosophiam[4] quoque fuerunt qui aliter atque aliter finirent. Alii studium illam virtutis esse dixerunt, alii studium corrigendae mentis; a quibusdam dicta est appetitio rectae rationis.

Illud quasi constitit aliquid inter philosophiam et sapientiam interesse; neque enim fieri potest, ut idem sit, quod affectatur et quod affectat. Quomodo multum inter avaritiam et pecuniam interest, cum illa cupiat, haec concupiscatur, sic inter philosophiam et sapientiam. Haec enim illius effectus ac praemium est; illa venit, ad hanc itur.

affectātiō, -ōnis *f.* Begierde

adiectiō, -ōnis *f.* Hinzufügung, Zusatz

aliter atque aliter auf ganz verschiedene Weise

appetītiō, -ōnis *f.* Streben, Verlangen

affectāre erstreben, nach etwas trachten

concupīscere begehren, wünschen, verlangen

effectus, -ūs *m.* Wirkung, Erfolg

1 sī tibi vidētur: hier soviel wie si tibi placet – **2** inter ... quid intersit = quid inter sapientiam et philosophiam intersit – **3** nōsse = nōvisse – **4** Philosophiam ... fīnīrent. = Fuērunt quoque, quī philosophiam aliter atque aliter fīnīrent.

LERNWORTSCHATZ Virtuelle Vokabelkartei

fatērī, fateor, fassus sum	bekennen, gestehen, zu erkennen geben
supervacuus, -a, -um	überflüssig, unnütz
corrigere, corrēxī, corrēctum	berichtigen, verbessern
quōmodo	wie, auf welche Weise

Analyse und Interpretation

3 Worin besteht für Seneca die Philosophie?
4 Erläutern Sie den Unterschied zwischen *philosophia* und *sapientia*.
5 Worauf bezieht sich *haec* (Z. 4) und worauf *illa*?
6 Erklären Sie den Vergleich des Verhältnisses von *sapientia* zu *philosophia* mit dem Verhältnis von *avaritia* zu *pecunia*.
7 Erläutern Sie Senecas Aussage *„Philosophia unde dicta sit, apparet; ipso nomine fatetur, quid amet."* (Z. 5 - 6).

Textvergleich: Cicero und Seneca

8 Vergleichen Sie Ciceros und Senecas Verständnis von Philosophie miteinander.
9 Definieren Sie den Begriff *Philosophie* auf der Grundlage Ihrer persönlichen Erfahrungen und der Darstellungen Ciceros und Senecas.

Der Denker (Plastik von Auguste Rodin)

1.2.3 Weiterführender Text: Die wichtigste Frage aller Philosophie

Friedrich Nietzsche, Unzeitgemäße Betrachtungen IV: Richard Wagner in Bayreuth 3 [KSA 1, 445].

[...] Aehnlich steht es mit der Philosophie: aus welcher ja die meisten nichts Anderes lernen wollen, als die Dinge ungefähr – sehr ungefähr! – verstehen, um sich dann in sie zu schicken. Und selbst von ihren edelsten Vertretern wird ihre stillende und tröstende Macht so stark hervorgehoben, dass die Ruhesüchtigen und Trägen meinen müssen, sie suchten dasselbe, was die Philosophie sucht. Mir scheint dagegen die wichtigste Frage aller Philosophie zu sein, wie weit die Dinge eine unabänderliche Artung und Gestalt haben: um dann, wenn diese Frage beantwortet ist, mit der rücksichtslosesten Tapferkeit auf die Verbesserung der als veränderlich erkannten Seite der Welt loszugehen. Das lehren die wahren Philosophen auch selber durch die Tat, dadurch, dass sie an der Verbesserung der sehr veränderlichen Einsicht der Menschen arbeiteten und ihre Weisheit nicht für sich behielten; [...].

Analyse und Interpretation

1 Charakterisieren Sie die Auffassung von Philosophie, die Nietzsche kritisiert.
2 Vermuten Sie, warum Nietzsche die Frage nach der Veränderbarkeit der Dinge für die wichtigste Frage der Philosophie hält.
3 Nennen Sie die nach Nietzsches Ansicht wichtigste Aufgabe der Philosophie und diskutieren Sie Nietzsches These.
4 Diskutieren Sie mögliche Anknüpfungspunkte dieser Auffassung an Ciceros und Senecas Verständnis von Philosophie.

1.3 Bedeutung der Philosophie für die Menschen

1.3.1 Hymnus an die Philosophie – Nutzen der Philosophie für die Menschen

Zu Beginn des 5. Buches der *Gespräche in Tusculum* erörtert Cicero das Verhältnis von Tugend und Philosophie. Er räumt dabei ein, dass die Menschen oft durch ihre eigene Schuld die Tugend zum Wanken bringen. Hilfe gewährt jedoch die Philosophie.

Sprachliche und inhaltliche Vorerschließung

1 Diskutieren Sie den Nutzen der Philosophie für die Menschen.
2 Stellen Sie sich ein Leben ohne Philosophie vor. Erörtern Sie die Konsequenzen, die sich daraus für die Menschheit ergeben könnten.
3 Führen Sie eine Satzgliedanalyse für die Zeilen 18 – 20 durch: *Est autem … anteponendus.*

Cicero, Tusculanae disputationes V, 5

Sed et huius culpae[1] et ceterorum vitiorum peccatorumque nostrorum omnis a philosophia petenda correctio est. Cuius[2] in sinum cum a primis temporibus aetatis nostra voluntas studiumque nos compulisset, his gravissimis casibus in eundem portum, ex quo eramus egressi, magna iactati tempestate confugimus.

peccātum, -ī *n.* Vergehen, Irrtum
corrēctiō, -ōnis *f.* Verbesserung, Berichtigung
compellere, compellō, compulī, compulsum bewegen

O vitae philosophia dux, o virtutis indagatrix expultrixque vitiorum! Quid non modo nos, sed omnino vita hominum sine te esse potuisset? Tu urbis[3] peperisti, tu dissipatos homines in societatem vitae convocasti[4], tu eos inter se primo[5] domiciliis, deinde coniugiis, tum litterarum et vocum communione iunxisti, tu inventrix legum, tu magistra morum et disciplinae fuisti; ad te confugimus, a te opem petimus, tibi nos, ut antea magna[6] ex parte, sic nunc penitus totosque tradimus. Est autem unus dies bene et ex praeceptis tuis actus peccanti immortalitati anteponendus. Cuius igitur potius opibus utamur quam tuis, quae et vitae tranquillitatem largita nobis es et terrorem mortis sustulisti?

indāgātrīx, -īcis *f.* Erforscherin
expultrīx, -īcis *f.* Vertreiberin
dissipāre, dissipō, dissipāvī, dissipātum zerstreuen; ausbreiten
domicilium, -ī *n.* Wohnstätte
coniugium, -ī *n.* Ehe
commūniō, -ōnis *f.* Gemeinschaft;
inventrīx, -īcis *f.* Erfinderin
penitus *Adv.* ganz und gar, völlig
immortālitās, -ātis *f.* Unsterblichkeit
trānquillitās, -ātis *f.* *hier:* Gemütsruhe, Frieden

1 huius culpae: gemeint ist die Schuld, die eigene Tugend ins Wanken zu bringen – **2** cuius in sinum cum …: cuius: relat. Anschluss, cum: Subjunktion, = cum in sinum eius … – **3** urbīs = urbēs (Akk. Pl.) – **4** convocāstī = convocāvistī – **5** prīmō … deinde … tum: Aufzählung entsprechend der zeitlichen Reihenfolge – **6** māgnā ex parte: zum großen Teil

LERNWORTSCHATZ

Virtuelle Vokabelkartei

sinus, -ūs *m.*	Krümmung; Bucht; Schoß
ēgredī, ēgredior, ēgressus sum	hinausgehen, wegfahren
cōnfugere, cōnfugiō, confūgī	flüchten
parere, pariō, peperī, partum	gebären, hervorbringen
societās, -ātis *f.*	Bündnis
ops, opis *f.*	Macht, Hilfe
anteā	vorher, früher
antepōnere, antepōno, anteposuī, antepositum	vorziehen
largīrī, largior, largītus sum	schenken, gewähren

Analyse und Interpretation

4 Beschreiben Sie die Leistungen, die Cicero der Philosophie zuschreibt.

5 Diskutieren Sie, ob die Philosophie das wirklich alles leisten kann.

6 Analysieren Sie Ciceros Argumentation und überprüfen Sie diese auf ihre Stichhaltigkeit.

7 Erläutern Sie, wie die Philosophie den Menschen „bessern" kann.

8 Analysieren Sie den sprachlichen Stil dieses *Hymnus an die Philosophie* und stellen Sie Vermutungen an, was Cicero mit dieser sprachlichen Form bezweckt. Informieren Sie sich dazu in einem Lexikon und/oder im Internet über die Gattung des Hymnus.

Cicero philosophiert mit Freunden in Tusculum

1.3.2 Philosophie als Lebenshilfe

Seneca fordert Lucilius, den Adressaten seiner philosophischen Briefe, auf, sich selbst zu beobachten und zu prüfen, ob er im Leben und in der Philosophie vorangekommen sei. Dazu stellt er ihm das Wesen und die Leistungen der Philosophie für den Menschen vor Augen.

Sprachliche Vorerschließung

1 Suchen Sie aus Z. 3 – 6 alle Prädikate heraus und übersetzen Sie diese. Ordnen Sie die Prädikate unter geeigneten Gesichtspunkten.

Seneca, Epistulae morales ad Lucilium 16, 3 – 5

Non est philosophia populare artificium nec ostentationi paratum; non in verbis, sed in rebus est. Nec in hoc adhibetur, ut cum aliqua oblectatione consumatur dies, ut dematur otio nausia; animum format et fabricat, vitam disponit, actiones regit, agenda et omittenda demonstrat, sedet ad gubernaculum et per ancipitia fluctuantium dirigit cursum. Sine hac nemo intrepide potest vivere, nemo secure; innumerabilia accidunt singulis horis, quae consilium exigant, quod ab hac petendum est.

Dicet aliquis: „Quid mihi prodest philosophia, si fatum est? Quid prodest, si deus rector est? Quid prodest, si casus imperat? Nam et mutari certa non possunt et nihil praeparari potest adversus incerta, sed aut consilium meum deus occupavit decrevitque quid facerem, aut consilio meo nihil fortuna permittit.“

Quicquid est ex his, Lucili, vel si omnia haec sunt, philosophandum est; sive nos inexorabili lege fata constringunt, sive arbiter deus universi cuncta disponit, sive casus res humanas sine ordine impellit et iactat, philosophia nos tueri debet. Hac adhortabitur, ut deo libenter pareamus, ut fortunae contumaciter; haec docebit ut deum sequaris, feras casum.

ostentātiō, -ōnis *f.* das Zeigen
oblectātiō, -ōnis *f.* Verpflichtung
nausia, -ae *f.* Seekrankheit
fōrmāre gestalten, bilden
fabricāre verfertigen, bauen
gubernāculum, -ī *n.* Steuerruder; Lenkung, Leitung
flūctuāre *hier:* schwanken, unruhig sein
intrepidus, -a, -um in Ruhe; unerschrocken
innumerābilis, -e unzählig, zahllos
rēctor, -ōris *m.* Lenker, Leiter
praeparāre, praeparō, praeparāvī, praeparātum vorbereiten
philosophārī philosophieren
inexōrābilis, -e *hier:* streng
cōnstringere, constringō binden, fesseln
contumāx, -ācis *hier:* unbeugsam

Analyse und Interpretation

2 Nennen Sie die Leistungen, die Seneca der Philosophie zuschreibt.
3 Analysieren Sie Senecas Argumentation und nehmen Sie Stellung dazu.

LERNWORTSCHATZ

Virtuelle Vokabelkartei

populāris, -e	vom Volk, für das Volk, volkstümlich, allgemein bekannt
artificium, -ī *n.*	Handwerk, Kunstwerk
dēmere, dēmō, dēmpsī, dēmptum	wegnehmen
dispōnere, dispōnō, disposuī, dispositum	verteilen, ordnen
anceps, ancipitis	mehrdeutig, ungewiss
dīrigere, dīrigō, dīrēxī, dīrēctum	geraderichten, einrichten, lenken
sēcūrus, -a, -um	sorglos, sicher
quisquis, quicquid	wer / was auch immer; jeder der / alles was
arbiter, -trī *m.*	Schiedsrichter, Richter
adhortārī, adhortor, adhortus sum	ermahnen, ermuntern
libenter *Adv.*	gerne

Textvergleich: Cicero und Seneca

4 Vergleichen Sie Ciceros und Senecas Darstellungen.

1.3.3 Weiterführender Text 1: Philosophie – Hinwendung zur Weisheit

Der römische Kaiser und stoische Philosoph Marc Aurel (121–180 n. Chr.) schreibt in seinen *Selbstbetrachtungen* über die Bedeutung der Philosophie für den Menschen:

Marc Aurel, Selbstbetrachtungen 2, 17 (in der Übersetzung von Wolfgang Weinkauf, in: Die Philosophie der Stoa. Stuttgart: Reclam 2001, S. 70–71.)

Marc Aurel

Das Leben des Menschen währt nur einen Augenblick, sein Wesen verändert sich ständig wie ein Fluss, seine Empfindung ist dunkel, sein Leib vergänglich, seine Seele unstet, sein Schicksal unerforschlich, sein Ruf ungewiss. Mit einem Wort: Alles, was den Körper angeht, fließt dahin, und die Seele ist erfüllt von Träumen und Wahn. Das Leben ist ein Krieg und der Ort unserer Wanderschaft, der Nachruhm aber ist Vergessenheit. Was kann uns da sicher auf unserem Weg geleiten? Nichts anderes als die Philosophie, die Hinwendung zur Weisheit. Diese besteht hauptsächlich darin, dass der Mensch seine Seele unbefleckt und unbeschädigt erhält, Lust und Schmerz besiegt, nichts dem Zufall überlässt, ohne Lüge und Verstellung ist, unabhängig bleibt und willig ist, alles Schicksal von dort anzunehmen, von wo wir selbst gekommen sind. Schließlich bedeutet die Liebe zur Weisheit auch, den Tod mit Gelassenheit zu erwarten und nichts anderes in ihm zu sehen als die Auflösung der Stoffe, woraus jedes Wesen zusammengesetzt ist. [...]

Analyse und Interpretation

1 Erläutern Sie Marc Aurels Begriff von Philosophie.

2 Vergleichen Sie Marc Aurels Auffassungen mit denen Senecas und Ciceros.

1.3.4 Weiterführender Text 2: Gegen die Anpreisung der Philosophie

Nietzsche, Nachlass der 80er Jahre

Friedrich Nietzsche, Nachlass Sommer-Herbst 1884, 26 [452] [KSA 11, 271]

Ich will Niemanden zur Philosophie überreden: es ist nothwendig, es ist vielleicht auch wünschenswerth, dass der Philosoph eine seltene Pflanze ist. Nichts ist mir widerlicher als die lehrhafte Anpreisung der Philosophie, wie bei Seneca oder gar Cicero. Philosophie hat wenig mit Tugend zu tun. [...]

Analyse und Interpretation

1 Stellen Sie Vermutungen an, warum Nietzsche „die lehrhafte Anpreisung der Philosophie, wie bei Seneca oder gar Cicero" zuwider sein könnte.

Friedrich Nietzsche

1.4 Themen der Philosophie

1.4.1 Entwicklung der Philosophie von den Wurzeln bis Sokrates

Nach seinem Lob der Leistungen und Verdienste der Philosophie schildert Cicero die Entwicklung der Philosophie von den allerersten Wurzeln über die ionischen Naturphilosophen bis hin zu Sokrates. Dabei zeigt er, dass die Philosophie schon lange existiert, auch wenn sie nicht immer so genannt wurde.

Cicero, Tusculanae disputationes V, 7 u. 9–11 (auszugsweise)

Quam[1] rem antiquissimam cum videamus, nomen tamen esse confitemur recens. Nam sapientiam quidem ipsam, quis negare potest, non modo re esse antiquam, verum etiam nomine? Quae divinarum humanarumque rerum, tum initiorum causarumque cuiusque rei cognitione hoc pulcherrimum nomen apud antiquos adsequebatur. Itaque et illos septem, qui a Graecis *sophoi* nominabantur, sapientes a nostris et habebantur et nominabantur [...] (9)

Graecus, -a, -um griechisch; *Subst.:* der Grieche
sophus, -ī *m. griech.:* σοφός der Weise

1 quam rem: relat. Anschluss = eam rem, sc. philosophiam

Auf die verwunderte Frage des Fürsten Leon von Phleius, was denn Philosophen eigentlich von anderen Menschen unterscheide, erläutert der Philosoph Pythagoras dies mit einem Gleichnis:

Pythagoram autem respondisse similem sibi videri vitam hominum et mercatum eum, qui haberetur maxumo[2] ludorum apparatu totius Graeciae celebritate; nam ut illic alii corporibus exercitatis gloriam et nobilitatem coronae peterent, alii emendi aut vendendi quaestu et lucro ducerentur, esset autem quoddam genus eorum idque vel maxime ingenuum, qui nec plausum nec lucrum quaererent, sed visendi causa venirent studioseque perspicerent, quid ageretur et quo modo, item nos quasi in mercatus quandam celebritatem ex urbe aliqua sic in hanc vitam ex alia vita et natura profectos alios gloriae servire, alios pecuniae; raros esse quosquam, qui ceteris omnibus pro nihilo habitis rerum naturam studiose intuerentur; hos se appellare sapientiae studiosos (id est enim philosophos); et ut illic liberalissimum esset spectare nihil sibi adquirentem, sic in vita longe omnibus studiis contemplationem rerum cognitionemque praestare. (9)

mercātus, -ūs *m.* Handel, Markt
apparātus, -ūs *m.* *hier:* Pracht, Prunk
Graecia, -ae *f.* Griechenland
celebritās, -ātis *f.* *hier:* Gedränge; Öffentlichkeit
exercitāre, exercitō, exercitāvī, exercitātum (andauernd) üben
quaestus, -ūs *m.* Erwerb, Gewinn
philosophus, -ī *m.* Philosoph
līberālis, -e *hier:* edel, würdig
adquīrere (dazu) erwerben; gewinnen
contemplātiō, -ōnis *f.* Betrachtung

Sokrates führt eine entscheidende Neuerung in die Philosophie ein:

[...] Sed ab antiqua philosophia usque ad Socratem, qui Archelaum, Anaxagorae discipulum, audierat, numeri motusque tractabantur, et unde omnia orerentur quove reciderent, studioseque ab iis siderum magnitudines, intervalla, cursus anquirebantur et cuncta caelestia. Socrates autem primus philosophiam devocavit e caelo et in urbibus conlocavit[3] et in domus etiam introduxit et coegit de vita et moribus rebusque bonis et malis quaerere. (10)

Cuius multiplex ratio disputandi rerumque varietas et ingenii magnitudo Platonis memoria et litteris consecrata plura genera effecit dissentientium philosophorum. E quibus nos id potissimum consecuti sumus, quo Socratem usum arbitrabamur, ut nostram ipsi sententiam tegeremus, errore alios levaremus et in omni disputatione, quid esset simillimum veri, quaereremus. (11)

discipulus, ī *m.* Schüler
recidere zurückfallen, herabsinken
anquīrere erforschen, untersuchen
dēvocāre, dēvocō, dēvocāvī *hier:* herabrufen
intrōdūcere, intrōdūcō, intrōdūxī hineinführen
philosophus, -ī *m.* Philosoph
disputātiō, -ōnis *f.* Streitgespräch, Untersuchung

2 maxumō = maximō – **3** conlocāvit = collocāvit

LERNWORTSCHATZ

Virtuelle Vokabelkartei

cōgnitiō, -ōnis *f.*	Bekanntschaft, Erkenntnis, Vorstellung
adsequī, adsequor, adsecūtus sum	einholen, erlangen
corōna, -ae *f.*	Kranz
lucrum, -ī *n.*	Gewinn, Vorteil
ingenuus, -a, -um	freigeboren, edel
plausus, -ūs *m.*	Klatschen, Beifall
tractāre, tractō, tractāvī, tractātum	handhaben, behandeln
orīrī, orior, ortus sum	entstehen, entspringen
intervallum, -ī *n.*	Zwischenraum, Entfernung, Frist
caelestis, -e	himmlisch; *Subst.*: Himmelskörper
multiplex, -plicis	vielfach, vielfältig, reich gegliedert
disputāre, disputō, disputāvī, disputātum	erörtern
varietās, -ātis *f.*	Buntheit, Mannigfaltigkeit
cōnsecrāre, cōnsecrō, cōnsecrāvī, cōnsecrātum	weihen, zur Gottheit erheben
dissentīre, dissentiō, dissēnsī, dissēnsum	nicht übereinstimmen
error, -ōris *m.*	Ungewissheit, Irrtum
levāre, levō, levāvī, levātum	heben, erleichtern

Analyse und Interpretation

1 Interpretieren Sie das Gleichnis, das Pythagoras dem Fürsten Leon erzählt (Z. 11 - 28).

2 Skizzieren Sie den wesentlichen Unterschied zwischen der Philosophie des Sokrates und der seiner Vorgänger.

Pȳthagorās, -ae *m.*

Pythagoras aus Samos (um 570/560 - ca. 480 v. Chr.), Begründer einer religiös-philosophischen Gemeinschaft in Unteritalien; vertrat u. a. die Lehre der Seelenwanderung; ihm wird der „Satz des Pythagoras" in der Mathematik zugeschrieben

Sokrates

Platōn, -ōnis *m.*

(427 - 348/347 v. Chr.) athenischer Philosoph, bedeutendster Schüler des Sōkratēs, Gründer der *Akademie*, einer Philosophenschule

Archēlaus, -ī *m.*

Archelaos von Athen (ca. 480 - 410 v. Chr.), Naturphilosoph, gilt als Vermittler zwischen der Naturphilosophie der Vorsokratiker und der sokratischen Ethik

Anaxagorās, -ae *m.*

Anaxagoras von Klazomenai (ca. 500 - 425 v. Chr.), bedeutender ionischer Naturphilosoph, führte die Naturphilosophie in Athen ein, wurde jedoch seiner astronomischen Theorien wegen der Gottlosigkeit angeklagt und aus Athen verbannt

1.4.2 Einteilung der Philosophie

Seneca erklärt Lucilius, dem Adressaten seiner Briefe, systematisch die verschiedenen Teilgebiete der Philosophie.

Inhaltliche Vorerschließung

1 Nennen Sie die Teilgebiete der Philosophie, die Sie kennen, und beschreiben Sie, womit sich diese beschäftigen.

Seneca, Epistulae morales ad Lucilium 89,9 – 10 u. 14; 16 – 17

Philosophiae tres partes esse dixerunt et maximi et plurimi auctores: moralem, naturalem, rationalem. Prima componit animum; secunda rerum naturam scrutatur; tertia proprietates verborum exigit et structuram et argumentationes, ne pro vero falsa subrepant. Ceterum inventi sunt et qui in pauciora philosophiam et qui in plura diducerent. (9)

mōrālis, -e die Sitten betreffend
philosophia moralis Ethik
ratiōnālis, -e die Vernunft betreffend, logisch
philosophia rationalis Logik
scrūtārī, scrūtor untersuchen
proprietās, -ātis *f.* Eigentümlichkeit, Eigenschaft
strūctūra, -ae *f.* Zusammenfügung
argūmentātiō, -ōnis *f.* Beweisführung
subrēpere sich einschleichen
dīdūcere *hier:* einteilen

Quidam ex Peripateticis[1] quartam partem adiecerunt civilem, quia propriam quandam exercitationem desideret et circa aliam materiam occupata sit. Quidam adiecerunt his partem, quam *oeconomicam* vocant, administrandae familiaris rei scientiam. Quidam et de generibus vitae locum separaverunt. Nihil autem horum non in illa parte morali reperietur. (10)

exercitātiō, -ōnis *f.* Übung
oeconomica (ars) Haushaltungskunst
sēparāre, sēparāvī absondern, trennen

[...]

Ergo cum tripertita sit philosophia, moralem eius partem primum incipiamus disponere. Quam in tria rursus dividi placuit, ut prima esset inspectio suum cuique distribuens et aestimans, quanto quidque dignum sit, maxime utilis – quid enim est tam necessarium quam pretia rebus inponere[2]? – secunda de impetu, de actionibus tertia. Primum enim est, ut quanti quidque sit iudices, secundum, ut impetum ad illa capias ordinatum temperatumque, tertium, ut inter impetum tuum actionemque conveniat, ut in omnibus istis ipse consentias. (14)

tripertītus, -a, -um in drei Teile geteilt
mōrālis, -e die Sitten betreffend
philosophia mōrālis Ethik
īnspectiō, -ōnis *f.* Prüfung, Untersuchung
ōrdinātus, -a, -um geordnet, ordentlich

[...]

Naturalis pars philosophiae in duo scinditur: corporalia et incorporalia. Utraque dividuntur in suos, ut ita dicam, gradus: Corporum locus in hos primum, in ea, quae faciunt et quae ex his gignuntur; gignuntur autem elementa. Ipse de elementis locus, ut quidam putant, simplex est; ut quidam, in materiam et causam omnia moventem et elementa dividitur. (16)

scindere *hier:* einteilen
corporālis, -e körperlich, materiell
incorporālis, -e unkörperlich

elementum, -ī *n.* Grund-, Urstoff; Element

Superest ut rationalem partem philosophiae dividamus. Omnis oratio aut continua est aut inter respondentem et interrogantem discissa. Hanc *dialecticam*, illam *rhetoricam* placuit vocari; *rhetorica* verba curat et sensus et ordinem; *dialectica* in duas partes dividitur: in verba et significationes, id est in res, quae dicuntur, et vocabula, quibus dicuntur. [...] (17)

ratiōnālis, -e die Vernunft betreffend, logisch
philosophia rationalis Logik
discindere, discindo, discidī, discissum zerreißen, aufteilen
dialectica (ars) Dialektik; Fähigkeit zu argumentieren; Logik
rhētorica (ars) Redekunst

sīgnificātiō, -ōnis *f.* *hier:* Sinn, Bedeutung
vocābulum, -ī *n.* Bezeichnung, Wort

---

1 peripatēticus, -ī *m.*: Peripatetiker = Angehöriger des Peripatos, einer von Aristoteles begründeten philosophischen Schule – **2** inpōnere = impōnere

LERNWORTSCHATZ

Virtuelle Vokabelkartei

nātūrālis, -e	Natur-, natürlich
philosophia naturalis	Physik
cīvīlis, -e	bürgerlich, öffentlich
proprius, -a, -um	eigen, eigentümlich
circā	um … herum
māteria, -ae *f.*	Bauholz, Material
distribuere, distribuī, distribūtum	verteilen, einteilen
simplex, -icis	einfach, schlicht
continuus, -a, -um	zusammenhängend, ununterbrochen

Analyse und Interpretation

2 Nennen und charakterisieren Sie die von Seneca aufgezählten Teilgebiete der Philosophie.
3 Begründen Sie, warum Seneca selbst die Philosophie in drei Teilgebiete einteilt.
4 Vergleichen Sie Senecas Einteilung mit der des Aristoteles in Abb. 1 und den heutigen Disziplinen der Philosophie (siehe Abb. 2).

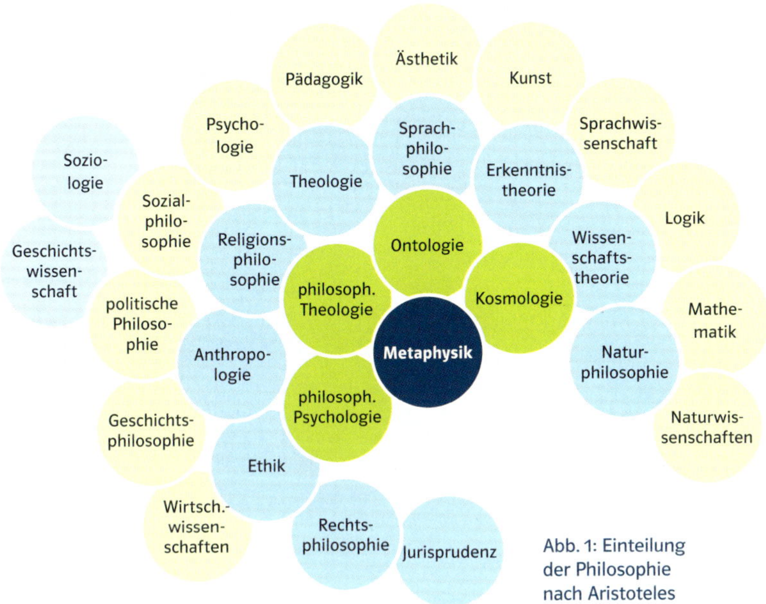

Abb. 1: Einteilung der Philosophie nach Aristoteles

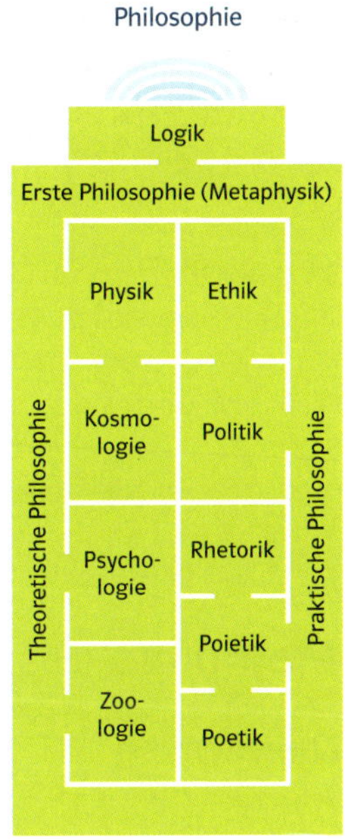

Abb. 2: Moderne philosophische Disziplinen und angrenzende Einzelwissenschaften

1.4.3 Weiterführender Text: Die Kantischen Grundfragen der Philosophie

Der Königsberger Philosoph Immanuel Kant (1724–1804) formuliert vier Grundfragen der Philosophie und weist diesen die entsprechenden Teilgebiete der Philosophie zu:

Immanuel Kant, Logik. Königsberg 1800, S. 24–26 (A). Zitiert nach Immanuel Kant, Werke in sechs Bänden, hrsg. v. Wilhelm Weischedel, Bd. 3: Schriften zur Metaphysik und Logik, S. 447–448.

1) Was kann ich wissen?
2) Was soll ich tun?
3) Was darf ich hoffen?
4) Was ist der Mensch?

Die erste Frage beantwortet die Metaphysik, die zweite die Moral, die dritte die Religion, und die vierte die Anthropologie. Im Grunde könnte man aber alles dieses zur Anthropologie rechnen, weil sich die drei ersten Fragen auf die letzte beziehen.

Der Philosoph muss also bestimmen können

1) die Quellen des menschlichen Wissens,
2) den Umfang des möglichen und nützlichen Gebrauchs alles Wissens, und endlich
3) die Grenzen der Vernunft. –

Das letztere ist das Nötigste, aber auch das Schwerste [...]

Analyse und Interpretation

1 Erörtern Sie, inwiefern es sich bei diesen vier Fragen Kants um die *Grundfragen* der Philosophie handelt.
2 Informieren Sie sich mit Hilfe eines Lexikons über den Begriff *Metaphysik* und erläutern Sie diesen Begriff Ihren Mitschülern.
3 Diskutieren Sie, ob diese vier Grundfragen tatsächlich *alle* anderen philosophischen Fragestellungen mit einschließen.
4 Erläutern Sie, warum und wie sich die ersten drei Fragen auf die vierte beziehen.
5 Vergleichen Sie Kants Einteilung der Philosophie mit denen Ciceros und Senecas.

Immanuel Kant

1.5 Methoden des Philosophierens

1.5.1 Zum Einstieg

1 Wie philosophiert man eigentlich, und wie „arbeiten" Philosophen?

1.5.2 Philosophieren nach griechischem Vorbild

Nachdem Cicero erklärt hat, was er unter der „vollkommensten Philosophie" versteht *(Tusculanae disputationes I, 6)*, erläutert er jetzt dem M. Iunius Brutus, dem die *Gespräche in Tusculum* gewidmet sind, *wie* er philosophiert.

Cicero, Tusculanae disputationes I, 7–8

[...] In[1] quam exercitationem ita nos studiose operam dedimus, ut iam etiam scholas Graecorum more habere auderemus. Ut nuper tuum post discessum in Tusculano[2] cum essent complures mecum familiares, temptavi, quid in eo genere possem. Ut enim antea declamitabam causas, quod nemo me diutius fecit, sic haec mihi nunc senilis est declamatio. Ponere iubebam, de quo quis audire vellet; ad id aut sedens aut ambulans disputabam. (7)
Itaque dierum quinque scholas, ut Graeci appellant, in totidem libros contuli. Fiebat autem ita ut, cum is, qui audire vellet, dixisset, quid sibi videretur, tum ego contra dicerem. Haec est enim, ut scis, vetus et Socratica[3] ratio contra alterius opinionem disserendi. Nam ita facillime, quid veri simillimum esset, inveniri posse Socrates arbitrabatur. [...] (8)

exercitātiō, -ōnis *f.* Übung
schola, -ae *f. hier* Vortrag
Graecus, -a, -um griechisch; *Subst.:* Grieche
dēclāmitāre Redeübungen halten
dēclāmātiō, -ōnis *f.* Redeübung
ambulāre gehen, spazieren gehen
totidem *indekl.* ebensoviele

1 in quam exercitātiōnem: relat. Anschluss; bezieht sich auf das Philosophieren als gedankenreiches Reden über die wichtigsten Fragen – **2** Tūsculānum: Villa Ciceros in der Stadt Tusculum südöstlich von Rom in den Albaner Bergen – **3** Sōcraticus, -a, -um: sokratisch

LERNWORTSCHATZ Virtuelle Vokabelkartei

discēdere, discēdō, discessī, discessum	auseinandergehen, weggehen
senīlis, -e	greisenhaft
disserere, disserō, disseruī, dissertum	auseinandersetzen, erörtern

Analyse und Interpretation

2 Beschreiben Sie, *wie* Cicero zu philosophieren pflegt.
3 Erörtern Sie, ob und inwiefern es zutrifft, dass man auf diese Weise der Wahrheit am nächsten kommt.

Vorlesung an einer Universität

1.5.3 Methodisches Philosophieren

Zu Beginn des 2. Buches seiner Abhandlung *De finibus bonorum et malorum* verwirft Cicero das Philosophieren in Form von Vorlesungen. Er plädiert stattdessen für das Philosophieren in Form eines Gesprächs und erklärt, wie dabei am besten vorzugehen sei.

Inhaltliche Vorerschließung

1 Bestimmen Sie die Form *commodius* (Z. 1) und erörtern Sie, was „*commodius* philosophieren" bedeuten könnte.

Cicero, De finibus bonorum et malorum II, 3

Nos commodius agamus. [...] Ego autem arbitror [...] commodius, cum in rebus singulis insistas et intellegas, quid quisque concedat, quid abnuat, ex rebus concessis concludi quod velis et ad exitum perveniri. Cum enim fertur quasi torrens oratio, quamvis multa cuiusque modi rapiat, nihil tamen teneas, nihil apprehendas, nusquam orationem rapidam coerceas.

Omnis autem in quaerendo, quae via quadam et ratione habetur, oratio praescribere primum debet, ut quibusdam in formulis, „ea res agitur", ut inter quos disseritur, conveniat quid sit id, de quo disseratur.

abnuere ablehnen, bestreiten
torrēns, -entis *hier:* glühend
apprehendere ergreifen
fōrmula, -ae *f.* Regel, Vorschrift

LERNWORTSCHATZ

Virtuelle Vokabelkartei

īnsistere, insisto, institī	auf etwas beharren; hintreten, verfolgen
conclūdere, conclūdō, conclūsī, conclūsum	schließen, folgern, beweisen
nusquam *Adv.*	nirgendwo, nirgendwohin
rapidus, -a, -um	reißend schnell
coercēre, coerceō, coercuī, coercitum	zusammenhalten, zügeln
praescrībere, praescrībō, praescrīpsī, praescrīptum	vorschreiben

Analyse und Interpretation

2 Charakterisieren Sie Ciceros Methode des Philosophierens.

3 Was bedeutet *commodius* in diesem Kontext?

3 Erörtern Sie die Vorteile des philosophischen Gesprächs gegenüber der Vorlesung.

4 Beurteilen Sie die Bedeutung der Formel „ea res agitur“ für das methodische Philosophieren.

Selbst philosophieren

1.5.4 Weiterführender Text: Gebote für den *Denker*?

Der Königsberger Philosoph Immanuel Kant (1724–1804) empfiehlt dem „Denker“ folgende drei Maximen, die zur Weisheit führen sollen, als „unwandelbare Gebote“:

Immanuel Kant, Anthropologie in pragmatischer Hinsicht, BA 166 f., zitiert nach: W. Weischedel (Hrsg.), Immanuel Kant. Werke in sechs Bänden, Bd. VI S. 549.

1. Selbst denken.
2. Sich (in der Mitteilung mit Menschen) in die Stelle jedes anderen zu denken.
3. Jederzeit mit sich selbst einstimmig zu denken.

Analyse und Interpretation

1 Diskutieren Sie, warum Kant diese drei Maximen des Philosophierens für grundlegend und „unwandelbar“ hält.

2 Ist es vorstellbar zu philosophieren, wenn man dabei eine der drei Maximen Kants verletzt?

Philosophische Strömungen im Vergleich

2

2.1 Zum Einstieg

1 Diskutieren Sie, welches Ziel und welchen Zweck alles menschliche Handeln letztendlich verfolgt.
2 Definieren Sie den Begriff *Ethik*.

Cicero geht in seinem Werk der Frage nach Ziel und Zweck des menschlichen Handelns nach, die für ihn Anfang und Ende einer jeden philosophischen Ethik darstellt. Doch entwickelt er darin keine eigene Ethik, sondern diskutiert die Ethik der drei großen hellenistischen Philosophenschule: der Epikureer, Stoiker und Peripatetiker.

2.2 Epikur und der Epikureismus

Cicero beginnt mit der Lehre Epikurs, weil diese ihm am einfachsten erscheint und den meisten seiner Zeitgenossen bekannt ist. Dabei geht er so vor, dass er die Lehre so gründlich darstellt, wie es die Epikureer selbst nicht besser tun könnten. Denn er will sich nicht vorwerfen lassen, dass er die Lehre einfach widerlegen wolle. Schließlich hat er sich ja vorgenommen, die Wahrheit über Ziel und Zweck menschlichen Handelns herauszufinden.

Epikur

2.2.1 Lust und Schmerz – höchstes Gut und größtes Übel

Im Gespräch mit L. Torquatus, einem Epikureer, und C. Triarius erläutert Cicero, warum er Epikurs Lehre in vielen Punkten nicht zustimmen kann. Torquatus wiederum versucht, ihn vom Gegenteil zu überzeugen, und legt deshalb Epikurs Lehre von der Lust dar, die ihm am wichtigsten erscheint:

Zur inhaltlichen Vorerschließung

1 Klären Sie mit Hilfe eines Wörterbuches, welche Bedeutung das Wort *bonum* in der Philosophie haben kann.
2 Definieren Sie die Begriffe *Lust* und *Schmerz*.

[...] Quaerimus igitur, quid sit extremum et ultimum bonorum, quod omnium philosophorum sententia tale debet esse, ut ad id omnia referri oporteat, ipsum autem nusquam. Hoc Epicurus[1] in voluptate ponit, quod summum bonum esse vult, summumque malum dolorem, idque instituit docere sic: (29)

Omne animal, simul atque natum sit, voluptatem appetere eaque gaudere ut summo bono, dolorem aspernari ut summum malum et, quantum possit, a se repellere, idque facere nondum depravatum ipsa natura incorrupte atque integre iudicante. Itaque negat opus esse ratione neque disputatione, quam ob rem voluptas expetenda, fugiendus dolor sit. Sentiri haec putat, ut calere ignem, nivem esse albam, dulce mel. Quorum[2] nihil oportere exquisitis rationibus confirmare, tantum satis esse admonere. Interesse enim inter argumentum conclusionemque rationis et inter mediocrem animadversionem atque admonitionem. Altera occulta quaedam et quasi involuta aperiri, altera prompta et aperta iudicari. Etenim quoniam detractis de homine sensibus reliqui nihil est, necesse est, quid aut ad naturam aut contra sit, a natura ipsa iudicari. Ea[3] quid percipit aut quid iudicat, quo aut petat aut fugiat aliquid, praeter voluptatem et dolorem? (30)

dēprāvāre, dēprāvō, dēprāvāvī, dēprāvātum entstellen, verderben
incorruptus, -a, -um unverfälscht, echt
disputātiō, -ōnis *f.* Erörterung, Untersuchung
quam ob rem weswegen, weshalb
calēre heiß sein, glühen
albus, -a, -um weiß
mel, mellis *n.* Honig

conclūsiō, -ōnis *f.* Schluss, Folgerung
animadversiō, -ōnis *f.* Beobachtung
admonitiō, -ōnis *f.* Erinnerung, Ermahnung
involūtus, -a, -um verhüllt

Sunt autem quidam e nostris, qui haec subtilius velint tradere et negent satis esse, quid bonum sit aut quid malum, sensu iudicari, sed animo etiam ac ratione intellegi posse et voluptatem ipsam per se esse expetendam et dolorem ipsum per se esse fugiendum. Itaque aiunt hanc quasi naturalem atque insitam in animis nostris inesse notionem, ut alterum esse appetendum, alterum aspernandum sentiamus. Alii autem, quibus ego assentior, cum a philosophis compluribus permulta dicantur, cur nec voluptas in bonis sit numeranda nec in malis dolor, non existimant oportere nimium nos causae confidere, sed et argumentandum et accurate disserendum et rationibus conquisitis de voluptate et dolore disputandum putant. (31)

subtīlis, -e fein, scharfsinnig

īnsitus, -a, -um eingepflanzt, angeboren
nōtiō, -ōnis *f.* Vorstellung, Begriff

permultus, -a, -um sehr viel

argūmentārī Beweise anführen, Überlegungen anstellen
accūrātus, -a, -um sorgfältig, genau

Sed ut perspiciatis, unde omnis iste natus error sit voluptatem accusantium doloremque laudantium, totam rem aperiam eaque ipsa, quae ab illo inventore veritatis et quasi architecto beatae vitae dicta sunt, explicabo. Nemo enim ipsam voluptatem, quia voluptas sit, aspernatur aut odit aut fugit, sed quia consequuntur magni dolores eos, qui ratione voluptatem sequi nesciunt, neque porro quisquam est, qui dolorem ipsum, quia dolor sit, amet, consectetur, adipisci velit, sed quia non numquam eius modi tempora incidunt, ut labore et dolore magnam aliquam quaerat voluptatem. Ut enim ad minima veniam, quis nostrum exercitationem ullam corporis suscipit laboriosam, nisi ut aliquid ex ea commodi consequatur? Quis autem vel eum iure reprehenderit, qui in ea voluptate velit esse, quam nihil molestiae consequatur, vel illum, qui dolorem eum fugiat, quo voluptas nulla pariatur? (32)

inventor, -ōris *m.* Erfinder
architectus, -ī *m.* Baumeister
porrō *Adv.* ferner
quisquam, quidquam (irgend-)jemand
cōnsectārī, cōnsector verfolgen
exercitātiō, -ōnis *f.* Übung
labōriōsus, -a, -um beschwerlich, mühsam

At vero eos et accusamus et iusto odio dignissimos ducimus, qui blanditiis praesentium voluptatum deleniti atque corrupti, quos dolores et quas molestias excepturi sint, obcaecati cupiditate non provident, similique sunt in culpa, qui officia deserunt mollitia animi, id est laborum et dolorum fuga. Et harum quidem rerum facilis est et expedita distinctio. Nam libero tempore, cum soluta nobis est eligendi optio, cum nihil impedit, quo minus id, quod maxime placeat, facere possimus, omnis voluptas assumenda est, omnis dolor repellendus. Temporibus autem quibusdam et aut officiis debitis aut rerum necessitatibus saepe eveniet, ut et voluptates repudiandae sint et molestiae non recusandae. Itaque earum rerum hic tenetur a sapiente delectus, ut aut reiciendis voluptatibus maiores alias consequatur aut perferendis doloribus asperiores repellat. (33)

dēlēnīre, dēlēniō, dēlēnīvī, dēlēnītum beschwichtigen, für sich gewinnen
obcaecāre, obcaecō, obcaecāvī, obcaecātum blenden, verblenden
mollitia, -ae *f.* Weichheit, Verweichlichung
distinctiō, -ōnis *f.* Unterscheidung
optiō, -ōnis *f.* Wahl (-möglichkeit)

---

1 Epicurus, -ī *m.*: latinisierte Form des Namens Epikur – **2** Quorum ...: relat. Anschluss = Horum ... – **3** Ea quid percipit aut quid iudicat ...?: ea = natura; Subj. zu allen Prädikaten des Satzes; hier besonders betont und deshalb vor das Fragepronomen gezogen (= Quid ea percipit aut iudicat ...?)

LERNWORTSCHATZ

Virtuelle Vokabelkartei

extrēmus, -a, -um	äußerster, letzter
philosophus, -ī *m.*	Philosoph
nusquam *Adv.*	nirgendwo, nirgendwohin
animal, -ālis *n.*	Lebewesen
simul atque	sobald als
aspernāri, aspernor, aspernātus sum	verschmähen, verwerfen
integer, -gra, -grum	unberührt, unversehrt
expetere, expetō, expetīvī, expetītum	erstreben, begehren
nix, nivis *f.*	Schnee
exquīrere, exquīrō, exquīsīvī, exquīsītum	aussuchen, untersuchen, verlangen
admonēre, admoneō, admonuī, admonitum	mahnen, erinnern
argūmentum, -ī *n.*	Beweis; Inhalt
mediocris, -e	mittelmäßig
prōmptus, -a, -um	bereit, entschlossen
etenim	nämlich, und in der Tat
dētrahere, dētrahō, dētrāxī, dētractum	herabziehen, wegnehmen
sēnsus, -ūs *m.*	Empfindung, Sinn, Verstand
percipere, percipiō, percēpī, perceptum	auffassen, begreifen, erlernen
nātūrālis, -e	leiblich, natürlich, angeboren
inesse, īnsum, īnfuī	in (an, auf) etw. sein, innewohnen
assentīrī, assentior, assēnsī, assēnsum	zustimmen
numerāre, numerō, numerāvī, numerātum	zählen, rechnen, bezahlen
disserere, disserō, disseruī, dissertum	auseinandersetzen, erörtern
conquīrere, conquīrō, conquīsīvī, conquīsītum	zusammensuchen
disputāre, disputō, disputāvī, disputātum	erörtern
error, -ōris *m.*	Ungewissheit, Irrtum
vēritās, -ātis *f.*	Wahrheit
explicāre, explicō, explicāvī /explicuī, explicātum	(ausbreiten), ausführen, erörtern
adipīscī, adipīscor, adeptus sum	erlangen
incidere, incidō, incidī	(hineinfallen), in etw. geraten, sich ereignen
molestia, -ae *f.*	Unbehagen, Ärger
blanditia, -ae *f.*	Schmeichelei, Annehmlichkeit
expedītus, -a, -um	ungehindert, leichtbewaffnet, einsatzbereit
ēligere, ēligō, ēlēgī, ēlēctum	auslesen, auswählen
assūmere, assūmō, assūmpsī, assūmptum	annehmen, in Anspruch nehmen
necessitās, -ātis *f.*	Notwendigkeit, Not
repudiāre, repudiō, repudiāvī, repudiātum	verschmähen, verstoßen
recūsāre, recūsō, recūsāvī, recūsātum	zurückweisen, ablehnen
sapiēns, -entis	weise
reicere, reiciō, reiēcī, reiectum	zurückweisen, ablehnen

Analyse und Interpretation

3 Erklären Sie, warum Epikur die Lust für das höchste Gut, den Schmerz aber für das größte Übel hält.

4 Erläutern Sie, was die Epikureer – nach Ciceros Darstellung – unter *voluptas* ‚Lust' und *‚dolor'* Schmerz verstehen. Informieren Sie sich dazu auch mithilfe von Lexika über den epikureischen Lust-Begriff.

5 Formulieren Sie Überschriften für die Kapitel 29 bis 33.

Lust und Schmerz?

2.2.2 Epikureische Ethik, Dialektik und Physik

C. Torquatus gibt im Laufe des Gesprächs einen Überblick über Ethik, Dialektik und Physik der Epikureer.

Zur Vorerschließung

1 Analysieren Sie den Satz *Optime vero … videamus esse finitum.* (Z. 14 – 18) syntaktisch.

Cicero, De finibus bonorum et malorum I, 62 – 65

Ethik: Der glückselige Weise

[...] Sic enim ab Epicuro sapiens semper beatus inducitur: finitas habet cupiditates, neglegit mortem, de diis[1] inmortalibus[2] sine ullo metu vera sentit, non dubitat, si ita melius sit, migrare de vita. His rebus instructus semper est in voluptate. Neque enim tempus est ullum, quo non plus voluptatum habeat quam dolorum. Nam et praeterita grate meminit et praesentibus ita potitur, ut animadvertat, quanta sint ea quamque iucunda, neque pendet ex futuris, sed exspectat illa, fruitur praesentibus ab iisque vitiis, quae paulo ante collegi, abest plurimum et, cum stultorum vitam cum sua comparat, magna afficitur voluptate. Dolores autem, si qui incurrunt, numquam vim tantam habent, ut non plus habeat sapiens, quod gaudeat, quam quod angatur. (62)

migrāre *hier:* weggehen

angī, angor sich ängstigen

Optime vero Epicurus, quod exiguam dixit fortunam intervenire sapienti maximasque ab eo et gravissimas res consilio ipsius et ratione administrari neque maiorem voluptatem ex infinito tempore aetatis percipi posse, quam ex hoc percipiatur, quod videamus esse finitum.

Dialektik und Physik

In dialectica autem vestra nullam existimavit esse nec ad melius vivendum nec ad commodius disserendum viam. In physicis plurimum posuit. Ea scientia et verborum vis et natura orationis et consequentium repugnantiumve ratio potest perspici. Omnium autem rerum natura cognita levamur superstitione, liberamur mortis metu, non conturbamur ignoratione rerum, e qua ipsa horribiles existunt saepe formidines. Denique etiam morati melius erimus, cum didicerimus quid natura desideret. Tum vero, si stabilem scientiam rerum tenebimus, servata illa, quae quasi delapsa de caelo est ad cognitionem omnium, regula, ad quam omnia iudicia rerum dirigentur, numquam ullius oratione victi sententia desistemus. (63)

dialectica, -ae *f.* (sc. ars) Dialektik, Logik; Fähigkeit zu argumentieren
physica, ae *f.* Naturkunde, Naturphilosophie
repūgnāre Widerstand leisten, widerstreben
conturbāre verwirren
īgnōrātiō, -ōnis *f.* Unkenntnis
formīdō, -inis *f.* Grausen, Furcht
dēlābī, -lābor, -lāpsus sum herab-, weggleiten
rēgula, -ae *f.* Richtschnur, Richtlinie

Nisi autem rerum natura perspecta erit, nullo modo poterimus sensuum iudicia defendere. Quicquid porro animo cernimus, id omne oritur a sensibus; qui[3] si omnes veri erunt, ut Epicuri ratio docet, tum denique poterit aliquid cognosci et percipi. Quos[4] qui tollunt et nihil posse percipi dicunt, ii remotis sensibus ne id ipsum quidem expedire possunt, quod disserunt. Praeterea sublata cognitione et scientia tollitur omnis ratio et vitae degendae et rerum gerendarum. Sic e physicis et fortidudo sumitur contra mortis timorem et constantia contra metum religionis et sedatio animi omnium rerum occultarum ignoratione sublata et moderatio natura cupiditatum generibusque earum explicatis, et, ut modo docui, cognitionis regula et iudicio ab eadem illa constituto veri a falso distinctio traditur. (64)

porrō *Adv.* ferner
dēgere, dēgō verbringen, verleben
sēdātiō, -ōnis *f.* Beruhigung
explicāre, -plicō, -plicāvī, -plicātum entwirren, erklären
rēgula, -ae *f.* Richtschnur, Richtlinie
distinctiō, -ōnis *f.* Unterscheidung

Die Freundschaft

Restat locus huic disputationi vel maxime necessarius de amicitia, quam, si voluptas summum sit bonum, affirmatis nullam omnino fore[5]. De[6] qua Epicurus quidem ita dicit, omnium rerum, quas ad beate vivendum sapientia comparaverit, nihil esse maius amicitia, nihil uberius, nihil iucundius. Nec vero hoc oratione solum, sed multo magis vita et factis et moribus comprobavit. Quod[7] quam magnum sit, fictae veterum fabulae declarant, in quibus tam multis tamque variis ab ultima antiquitate repetitis tria vix amicorum paria reperiuntur, ut ad Orestem pervenias profectus a Theseo. At vero Epicurus una in domo, et ea quidem angusta, quam magnos quantaque amoris conspiratione consentientis tenuit amicorum greges! Quod[8] fit etiam nunc ab Epicureis[9]. Sed ad rem redeamus; de hominibus dici non necesse est. (65)

disputātiō, -ōnis *f.* Erörterung, Untersuchung
affirmāre, affirmō, affirmāvī, affirmātum bekräftigen, behaupten
cōnspīrātiō, -ōnis *f.* Einigkeit, Einklang

1 diīs = deīs (Dat./Abl. Pl.) < deus, -ī *m.* / dea, -ae *f.* – 2 inmortālis, -e = immortālis, -e – 3 qui si omnes veri erunt = si hi omnes veri erunt (relat. Anschluss) – 4 Quos qui tollunt ...: relat. Anschluss = Qui hos tollunt ...; quos = sensus – 5 fore = futūrum esse – 6 De qua: relat. Anschluss = de hac (bezieht sich auf voluptas) – 7 Quod quam magnum sit: relat. Anschluss = quam magnum hoc sit – 8 Quod fit ...: relat. Anschluss = Hoc fit ... – 9 Epicureī, -ōrum m.: die Epikureer, Anhänger der Lehre Epikurs

LERNWORTSCHATZ

Virtuelle Vokabelkartei

fīnīre, fīniō, fīnīvī, fīnītum	begrenzen, beendigen, abschließen
melior, melius, -oris	besser
potīrī, potior, potītus sum *(mit Abl.)*	sich bemächtigen
pendēre, pendeō, pependī	(herab-)hängen, schweben; abhängen, beruhen
futūrus, -a, -um	künftig
fruī, fruor, frūctus sum *(mit Abl.)*	genießen
incurrere, incurrō, in(cu)currī, incursum	anrennen, hineingeraten, stoßen auf
exiguus, -a, -um	klein, gering, unbedeutend
intervenīre, interveniō, intervēnī, interventum	dazwischenkommen, hinzukommen; unterbrechen
administrāre, administrō, administrāvī, administrātum	leiten, besorgen, verwalten
īnfīnītus, -a, -um	unendlich, unbestimmt
scientia, -ae *f.*	Wissen, Kenntnis
levāre, levō, levāvī, levātum	heben, erleichtern
superstitiō, -ōnis *f.*	Aberglaube
horribilis, -e	entsetzlich
ex(s)istere, ex(s)istō, ex(s)titī	hervortreten, sich zeigen, entstehen
stabilis, -e	feststehend, standhaft, dauerhaft
cōgnitiō, -ōnis *f.*	Bekanntschaft, Erkenntnis, Vorstellung
dīrigere, dīrigō, dīrēxī, dīrēctum	geraderichten, einrichten
dēsistere, dēsistō, dēstitī	ablassen von, aufhören
removēre, removeō, remōvī, remōtum	wegschaffen
expedīre, expediō, expedīvī, expedītum	frei-, bereit-, fertigmachen
tollere, tollō, sustulī, sublātum	hoch-, aufheben; beseitigen
fortitūdō, -inis *f.*	Tapferkeit
cōnstantia, -ae *f.*	Standhaftigkeit
moderātiō, -ōnis *f.*	Mäßigung, Lenkung
sapientia, -ae *f.*	Weisheit
ūber, -eris	fruchtbar, ergiebig
comprobāre, comprobō, comprobāvī, comprobātum	für gut befinden; bestätigen, erhärten
dēclārāre, dēclārō, dēclārāvī, dēclārātum	verkünden, erklären
antīquitās, -ātis *f.*	Altertum; gute alte Sitte
cōnsentīre, cōnsentiō, cōnsēnsī, cōnsēnsum	übereinstimmen, einer Meinung sein
grex, gregis *m.*	Herde, Rudel; Menschenmenge

Orestēs, -ae *m.*
mythische Gestalt; Sohn des Agamemnon und der Klytaimestra; tötet zusammen mit seinem Freund Pylades aus Rache seine Mutter Klytaimestra, die seinen Vater Agamemnon ermordet hatte.

Thēseus, -eī *m.*
mythischer Held; besiegte u. a. den Minotaurus auf Kreta, später König von Athen; kämpft zusammen mit seinem Freund Perithoos gegen die wilden Kentauren; gemeinsam versuchen sie, Helena und Persephone zu rauben, und werden zur Strafe im Hades gemeinsam auf ewig an einen Felsen gefesselt.

Antikes Freundespaar

Analyse und Interpretation

1 Erläutern Sie Epikurs Vorstellung des *sapiens semper beatus* (Z. 1).
2 Begründen Sie, warum der *sapiens semper beatus* jederzeit mehr Lust als Schmerz empfindet (Z. 1 - 18).
3 Erklären Sie den Begriff *physica* (Z. 20 - 43).
4 Erklären Sie, warum sich Epikur so intensiv mit der *physica* beschäftigt hat (Z. 20 - 43).
5 Wie wirkt nach Epikurs Auffassung die Kenntnis der *physica* auf den Menschen (Z. 20 - 43)?
6 Stellen Sie das Verhältnis von *philosophia moralis* ‚Ethik', *dialectica* und *physica* schematisch dar.
7 Stellen Sie Vermutungen an, warum die Freundschaft für die Epikureer von so zentraler Bedeutung ist (Z. 44 - 56).

2.3 Die Stoa

2.3.1 Grundlagen der stoischen Ethik

Cicero trifft in der Bibliothek des Lucullus in Tusculum auf Marcus Cato, der gerade über einigen stoischen Büchern sitzt.
Cato versucht, Cicero von der Lehre der Stoiker zu überzeugen. Dabei geht er von der These aus, dass es außer der Tugend kein Gut gebe. Weil Cicero jedoch immer wieder spitzfindig dazwischen fragt, beschließt Cato, zunächst ohne Unterbrechung die gesamte Lehre der Stoa vorzutragen.

Nach einigen Erklärungen über die Grundlagen der menschlichen Natur legt Cato die stoische These dar, dass das, was naturgemäß ist, um seiner selbst willen vorzuziehen ist und die Hauptaufgabe des Menschen deshalb sei, sich selbst gemäß der Natur zu verhalten und an dem festzuhalten, was naturgemäß sei.

[...] Cum igitur hoc sit extremum[1], congruenter naturae convenienterque vivere, necessario sequitur omnes sapientes semper feliciter, absolute, fortunate vivere, nulla re impediri, nulla prohiberi, nulla egere. Quod[2] autem continet non magis eam disciplinam, de qua loquor, quam vitam fortunasque nostras, id est ut, quod honestum sit, id solum bonum iudicemus, potest id quidem fuse et copiose et omnibus electissimis verbis gravissimisque sententiis rhetorice et augeri et ornari, sed consectaria me Stoicorum[3] brevia et aucta delectant. (26)

Concluduntur igitur eorum argumenta sic: Quod est bonum, omne laudabile est; quod autem laudabile est, omne est honestum; bonum igitur quod est, honestum est. Satisne hoc conclusum videtur? [...] (27)

Quid vero? Negarine ullo modo possit numquam quemquam stabili et firmo et magno animo, quem fortem virum dicimus, effici posse, nisi constitutum sit non esse malum dolorem? Ut enim, qui mortem in malis ponit, non potest eam non timere, sic nemo ulla in re potest id, quod malum esse decreverit, non curare idque contemnere. Quo[4] posito et omnium adsensu adprobato illud adsumitur[5], eum, qui magno sit animo atque forti, omnia, quae cadere in hominem possint, despicere ac pro nihilo putare. Quae[6] cum ita sint, effectum est nihil esse malum, quod turpe non sit.
Atque iste vir altus et excellens, magno animo, vere fortis, infra se omnia humana ducens, is, inquam, quem efficere volumus, quem quaerimus, certe et confidere sibi debet ac suae vitae et actae et consequenti et bene de sese[7] iudicare statuens nihil posse mali incidere sapienti. Ex quo intellegitur idem illud, solum bonum esse, quod honestum sit, idque esse beate vivere: honeste, id est cum virtute, vivere. (29)

congruēns, -entis übereinstimmend, einstimmig
conveniēns, -entis übereinstimmend, harmonisch
absolūtus, -a, um vollendet, vollkommen
continēre, contineō *hier:* (einen Begriff) wesentlich ausmachen
fūsus, -a, -um ausführlich
rhētoricus, -a, -um rhetorisch, rednerisch
cōnsectāria, -ōrum *n. Pl.* Schlussfolgerungen
laudābilis, e lobenswert
adsēnsus, -ūs *m.* Zustimmung; *stoischer Fachterminus:* Akzeptieren, Für-wahr-Halten
adprobāre, adprobō, adprobāvī, adprobātum billigen, zustimmen
prō nihilō putāre gering schätzen, nicht achten
efficere, efficiō, effēcī, effectum *hier:* beweisen
excellēns, -entis hervorragend, vortrefflich
īnfrā *mit Akk.* unter, unterhalb

1 extrēmum: sc. fīnem – **2** Quod autem continet...: relat. Anschluss. = Hoc autem continet... – **3** Stōicī, -ōrum *m.*: Stoiker; Anhänger der Stoa, stoische Philosophen – **4** Quo posito ...: relat. Anschluss = Hoc posito ... – **5** adsūmere = assūmere – **6** Quae cum ita sint ...: relat. Anschluss = Cum haec ita sint ... – **7** sēsē: verstärktes sē

LERNWORTSCHATZ

Virtuelle Vokabelkartei

fortūnātus, -a, -um	glücklich, begütert
egēre, egeō, eguī *mit Abl./Gen.*	Mangel haben an etw., einer Sache bedürfen
disciplīna, -ae *f.*	Lehre, Zucht
cōpiōsus, -a, -um	reichlich
conclūdere, conclūdō, conclūsī, conclūsum	(ab-)schließen, folgern, beweisen
firmus, -a, -um	stark, sicher, zuverlässig
contemnere, contemnō, contempsī, contemptum	verachten
dēspicere, dēspiciō, dēspexī, dēspectum	herabsehen, verachten

Analyse und Interpretation

1 Definieren Sie das ‚äußerste Ziel' der Stoa.

2 Diskutieren Sie den Zusammenhang zwischen diesem *äußersten Ziel* und dem Glück des *Weisen*.

3 Analysieren und diskutieren Sie die stoische Argumentation *Quod est bonum … honestum est.* (Z. 12–15). Erörtern Sie, inwiefern diese Schlussfolgerung für das Leben und das Schicksal der Menschen von Bedeutung ist.

4 Erläutern Sie, worin für die Stoa das glückselige Leben besteht.

2.3.2 Ethik: Götter, Menschen, Staat

Cato legt Cicero auch die Ansichten der Stoa über das Zusammenleben der Menschen dar.

Zur inhaltlichen Vorerschließung

1 Informieren Sie sich über die Rolle der Götter im Leben der Römer.

Cicero, De finibus bonorum et malorum III, 64

Mundum autem censent regi numine deorum, eumque esse quasi communem urbem et civitatem hominum et deorum, et unum quemque nostrum eius mundi esse partem; ex quo illud natura consequi, ut communem utilitatem nostrae anteponamus. Ut enim leges omnium salutem singulorum saluti anteponunt, sic vir bonus et sapiens et legibus parens et civilis officii non ignarus utilitati omnium plus quam unius alicuius aut suae consulit. Nec magis est vituperandus proditor patriae quam communis utilitatis aut salutis desertor propter suam utilitatem aut salutem. Ex[1] quo fit, ut laudandus is sit, qui mortem oppetat pro re publica, quod deceat cariorem nobis esse patriam quam nosmet[2] ipsos.

prōditor, -ōris *m.* Verräter

dēsertor, -ōris *m.* Deserteur; einer, der etw./jdn. im Stich lässt

mortem oppetere dem Tod entgegengehen, sterben

Quoniamque illa vox inhumana et scelerata ducitur eorum, qui negant se recusare, quo minus ipsis mortuis terrarum omnium deflagratio consequatur – quod vulgari quodam versu Graeco pronuntiari solet –, certe verum est etiam iis, qui aliquando futuri sint, esse propter ipsos consulendum. [64]

inhūmānus, -a, -um unmenschlich, ungebildet

dēflagrātiō, -ōnis *f.* völlige Vernichtung (durch Feuer)

Graecus, -a, -um griechisch

---

1 Ex quo fit ...: relat. Anschluss = Ex hoc fit ... – **2** nōsmet: verstärktes nōs

LERNWORTSCHATZ

Virtuelle Vokabelkartei

mundus, ī *m.*	Weltall, Welt
ūtilitās, -ātis *f.*	Nutzen, Vorteil
antepōnere, antepōnō, anteposuī, antepositum	vorziehen
cīvīlis, -e	bürgerlich, öffentlich
vituperāre, vituperō, vituperāvī, vituperātum	tadeln
decet, decuit	es steht wohl an, es schickt sich
mortuus, -a, -um	tot
vulgāris, -e	gewöhnlich
versus, -ūs *m.*	Wendung, Reihe, Vers
prōnūntiāre, prōnūntiō, prōnūntiāvī, prōnūntiātum	verkünden
aliquandō	irgendwann, einst

Analyse und Interpretation

2 Stellen Sie Vermutungen über die Rolle der Götter für die stoischen Philosophen an. Was könnten die Gründe dafür sein, dass aus der *civitas hominum et deorum* keine Konsequenzen für das Zusammenleben gezogen werden?

3 Diskutieren Sie den Vorrang des Wohlergehens aller vor dem Wohlergehen des Einzelnen.

4 Stellen Sie Vermutungen an, warum den Stoikern auch das Wohlergehen zukünftiger Generationen wichtig ist.

Das Treiben auf dem Forum

2.3.3 Dialektik und Physik als Tugenden

Cato stellt die große Bedeutung von Dialektik und Naturphilosophie in der stoischen Lehre dar, die ihnen sogar den Rang von Tugenden zuweist.

Zur sprachlichen und inhaltlichen Vorerschließung

1 Klären Sie die Bedeutung von *virtus* ‚Tugend'.
2 Was verstehen *Sie* unter ‚Tugend'?
3 Analysieren Sie den Satz *Ad easque virtutes … possimus.* (Z. 1–7) syntaktisch.

Cicero, De finibus bonorum et malorum III, 72–73

Ad easque virtutes, de quibus disputatum est, dialecticam etiam adiungunt et physicam, easque ambas virtutum nomine appellant, alteram, quod habeat rationem, ne cui falso adsentiamur neve umquam captiosa probabilitate fallamur, eaque, quae de bonis et malis didicerimus, ut tenere tuerique possimus. Nam sine hac arte quemvis arbitrantur a vero abduci fallique posse. Recte igitur, si omnibus in rebus temeritas ignoratioque vitiosa est, ars ea, quae tollit haec, virtus nominata est. (72)

Physicae quoque non sine causa tributus idem est honos, propterea quod, qui convenienter naturae victurus[1] sit, ei proficiscendum est ab omni mundo atque ab eius procuratione. Nec vero potest quisquam de bonis et malis vere iudicare nisi omni cognita ratione naturae et vitae etiam deorum, et utrum conveniat necne natura hominis cum universa. Quaeque[2] sunt vetera praecepta sapientium, qui iubent tempori parere et sequi deum et se noscere et nihil nimis, haec sine physicis[3] quam vim habeant – et habent maximam – videre nemo potest. Atque etiam ad iustitiam colendam, ad tuendas amicitias et reliquas caritates quid natura valeat, haec una cognitio potest tradere. Nec vero pietas adversus deos nec, quanta iis gratia debeatur, sine explicatione naturae intellegi potest. (73)

dialectica, -ae *f. sc. ars* Dialektik, Logik; Fähigkeit zu argumentieren
physica, -ae *f.* Naturkunde, Naturphilosophie
captiōsus, -a, -um arglistig, trügerisch
probābilitās, -ātis *f.* Wahrscheinlichkeit
īgnōrātiō, -ōnis *f.* Unkenntnis
vitiōsus, -a, -um fehlerhaft, verwerflich
physica, -ae *f.* Naturkunde, Naturphilosophie
conveniēns, entis übereinstimmend, harmonisch
prōcūrātiō, -ōnis *f.* Besorgung, Verwaltung
cāritās, -ātis *f.* Wertschätzung, Zuneigung
explicātiō, -ōnis *f.* Erklärung, Deutung

1 vīctūrus: Part. Fut. Akt. von vīvere – **2** Quaeque sunt … praecepta …: relat. Anschluss = Et haec sunt … praecepta … – **3** physica, -ōrum *n. Pl.* = physica, -ae *f.*: Naturkunde, Naturphilosophie

LERNWORTSCHATZ Virtuelle Vokabelkartei

adsentīrī, adsentior, adsēnsus sum	zustimmen *(term. techn. der Stoa)*
quīvīs, quaevīs, quodvīs	jeder beliebige
temeritās, -ātis *f.*	Zufall; Unbesonnenheit, Planlosigkeit
utrum ... necne	*Doppelfrage:* ob ... oder nicht
praeceptum, -ī *n.*	Vorschrift, Lehre
iūstitia, -ae *f.*	Gerechtigkeit
pietās, -ātis *f.*	Pflichtgefühl, Frömmigkeit

Analyse und Interpretation

1 Erläutern Sie, warum die Stoiker Dialektik und Physik als Tugenden bezeichnen.

2 Stellen Sie Vermutungen über die stoischen Göttervorstellungen an.

2.4 Der Peripatos

2.4.1 Überblick über die Philosophie des Peripatos

Im 5. Buch seiner Abhandlung *De finibus bonorum et malorum* schildert Marcus Tullius Cicero ein (fiktives) Gespräch zwischen ihm, seinem Bruder Quintus, seinem Vetter Lucius, Titus Pomponius und Marcus Piso, wie es sich zu seiner Studienzeit in Athen zugetragen haben könnte.

Cicero bittet Piso, der mit der Lehre des Peripatos sehr vertraut ist, dem jungen Lucius Cicero die Ansichten der Peripatetiker – besonders über das höchste Gut – darzulegen. Die anderen Gesprächsteilnehmer erklären sich einverstanden, und so beginnt Piso mit seiner Darlegung.

Cicero, De finibus bonorum et malorum V, 9–11

[...] Quantus ornatus in Peripateticorum[1] disciplina sit, satis est a me, ut brevissime potuit, paulo ante dictum. Sed est forma eius disciplinae, sicut fere ceterarum, triplex: una pars est naturae, disserendi altera, vivendi tertia. Natura sic ab iis investigata est, ut nulla pars caelo, mari, terra, ut poetice loquar, praetermissa sit; quin etiam, cum de rerum initiis omnique mundo locuti essent, ut multa non modo probabili argumentatione, sed etiam necessaria mathematicorum ratione concluderent, maximam materiam ex rebus per se investigatis ad rerum occultarum cognitionem attulerunt. (9)

triplex, -plicis dreifach
poēticus, -a , -um dichterisch
probābilis, -e wahrscheinlich
argūmentātiō, -ōnis *f.* Beweisführung
mathēmaticus, -ī *m.* Mathematiker

Persecutus est Aristoteles animantium omnium ortus, victus, figuras, Theophrastus autem stirpium naturas omniumque fere rerum, quae e terra gignerentur, causas atque rationes; qua ex cognitione facilior facta est investigatio rerum occultissimarum. Disserendique ab isdem non dialectice solum, sed etiam oratorie praecepta sunt tradita, ab Aristoteleque principe de singulis rebus in utramque partem dicendi exercitatio est instituta, ut non contra omnia semper, sicut Arcesilas, diceret, et tamen ut in omnibus rebus, quicquid ex utraque parte dici posset, expromeret. (10)

animāns, -antis lebend, belebt; *Subst.:* Lebewesen, Geschöpf
ortus, -ūs *m.* Entstehung, Herkunft, Geburt
investīgātiō, -ōnis *f.* Erforschung
dialecticus, -a, -um dialektisch, logisch
ōrātōrius, -a, -um rednerisch
exercitātiō, -ōnis *f.* Übung
exprōmere *hier:* darlegen

Cum autem tertia pars bene vivendi praecepta quaereret, ea quoque est ab isdem non solum ad privatae vitae rationem, sed etiam ad rerum publicarum rectionem relata. Omnium fere civitatum non Graeciae solum, sed etiam barbariae ab Aristotele mores, instituta, disciplinas, a Theophrasto leges etiam cognovimus. Cumque[2] uterque eorum docuisset, qualem in re publica principem esse conveniret, pluribus praeterea conscripsisset, qui esset optimus rei publicae status, hoc amplius Theophrastus: quae essent in re publica rerum inclinationes et momenta temporum, quibus esset moderandum, utcumque res postularet. Vitae autem degendae ratio maxime quidem illis placuit quieta, in contemplatione et cognitione posita rerum, quae quia deorum erat vitae simillima, sapiente visa est dignissima. Atque his de rebus et splendida est eorum et illustris oratio. (11)

rēctiō, -ōnis *f.* Lenkung, Leitung
Graecia, -ae *f.* Griechenland
barbaria, -ae *f.* das Ausland, die Fremde
inclīnātiō, -ōnis *f.* Neigung, Tendenz
utcumque wie auch immer; sobald nur
dēgere verbringen, verleben
contemplātiō, -ōnis *f.* Betrachtung

---

1 Peripatēticus, -ī *m.*: Peripatetiker, peripatetischer Philosoph – **2** Cumque ... = Et cum ...

LERNWORTSCHATZ

Virtuelle Vokabelkartei

ōrnātus, -ūs *m.*	Schmuck, Ausrüstung
investīgāre, investīgō, investīgāvī, investīgātum	aufspüren, ausfindig machen
praetermittere, praetermittō, praetermīsī, praetermissum	vorbeigehen lassen, etw. übergehen
quīn etiam	ja sogar
māteria, -ae *f.*	Bauholz, Material
occultus, -a, -um	verborgen, heimlich
vīctus, -ūs *m.*	Lebensweise, Nahrung
figūra, -ae *f.*	Gebilde, Gestalt
stirps, stirpis *f.*	Stamm, Spross, Ursprung
gīgnere, gīgnō, genuī, genitum	erzeugen, gebären, hervorbringen
expōnere, expōnō, exposuī, expositum	heraussetzen, auseinandersetzen, darstellen
īnstitūtum, -ī *n.*	Einrichtung; Vorhaben
cōnscrībere, cōnscrībō, cōnscrīpsī, conscrīptum	verfassen, beschreiben, einschreiben
status, -ūs *m.*	Zustand
mōmentum, -ī *n.*	Verlauf, Augenblick
moderārī, moderor, moderātus sum	mäßigen, lenken, leiten
quiētus, -a, -um	ruhig
splendidus, -a, -um	glänzend, angesehen
illūstris, -e	hell, glänzend, berühmt

Aristotelēs, -is *m.*
(384 – 322 v. Chr.) griech. Philosoph, bedeutendster Schüler der Akademie Platons, Gründer des Peripatos

Theophrastus, -ī *m.*
(371 – 287 v. Chr.) Peripatetiker, Schüler des Aristoteles und ab 322 Leiter der peripatetischen Schule

Arcesilās, -ae *f.*
Arkesilāos von Pitane (ca. 316 – 241 v. Chr.); Begründer der mittleren Akademie, u. a. Schüler des Theophrast

Analyse und Interpretation

1 Stellen Sie die Bereiche der peripatetischen Philosophie sowie deren Themen und Fragestellungen schematisch dar.

2 Begründen Sie die Lebensweise der Philosophen des Peripatos.

2.4.2 Ethik: Das Zusammenleben der Menschen

Piso legt dar, dass nach der Lehre der Peripatetiker die Tugenden und das Tugendgemäße um ihrer selbst willen erstrebt werden sollen. Das Bedeutendste unter allem Tugendgemäßen sei die Gemeinschaft der Menschen und die Liebe zu den Mitmenschen.

Zur inhaltlichen und sprachlichen Vorerschließung

1 Vermuten Sie, was mit *prīmō satū* (Z. 6) gemeint ist.

Cicero, De finibus bonorum et malorum V, 65 – 66

In omni autem honesto, de quo loquimur, nihil est tam illustre nec, quod latius pateat, quam coniunctio inter homines hominum et quasi quaedam societas et communicatio utilitatum et ipsa caritas generis humani. Quae[1] nata a primo satu, quod a procreatoribus nati diliguntur et tota domus coniugio et stirpe coniungitur, serpit sensim foras, cognationibus primum, tum affinitatibus, deinde amicitiis, post vicinitatibus, tum civibus et iis, qui publice socii atque amici sunt, deinde totius comlexu gentis humanae. Quae[2] animi affectio suum cuique tribuens atque hanc, quam dico, societatem coniunctionis humanae munifice et aeque tuens iustitia dicitur, cui sunt adiunctae pietas, bonitas, liberalitas, benignitas, comitas, quaeque sunt generis euiusdem. Atque haec ita iustitiae propria sunt, ut sint virtutum reliquarum communia. (65)

Nam cum sic hominis natura generata sit, ut habeat quiddam ingenitum quasi civile atque populare, quod Graeci „πολιτικόν“[3] vocant, quicquid aget quaeque virtus, id a communitate et ea, quam exposui, caritate ac societate humana non abhorrebit, vicissimque iustitia, ut ipsa se fundet in ceteras virtutes, sic illas expetet. Servari enim iustitia nisi a forti viro, nisi a sapiente non potest.

coniunctiō, -ōnis *f.* Verbindung, Vereinigung
commūnicātiō, -ōnis *f.* Teilhabe, Gemeinschaft
cāritās, -ātis *f.* Hochachtung, Wertschätzung; Liebe
satus, -ūs *m.* Säen; Zeugung
prōcreātor, -ōris *m.* Erzeuger; *Pl.* Eltern
coniugium, -ī *n.* Ehe; Liebschaft
sēnsim *Adv.* allmählich
affīnitās, -ātis *f.* Verwandtschaft
vīcīnitās, -ātis *f.* Nachbarschaft, Nähe
affectiō, -ōnis *f.* *hier:* Beschaffenheit, Zustand
mūnificus, -a, -um mildtätig, freigebig
bonitās, -ātis *f.* gute Beschaffenheit, Güte
līberālitās, -ātis *f.* edle Gesinnung, Freigebigkeit
benīgnitās, -ātis *f.* Güte, Freigebigkeit
proprium, -ī *n.* *hier:* charakteristisches Merkmal
ingenitus, -a, -um angeboren
Graecī, -ōrum *m.* die Griechen
commūnitās, -ātis *f.* Gemeinschaft, -ssinn
cāritās, -ātis *f.* Hochachtung, Wertschätzung
vicissim *Adv.* andererseits

Qualis est igitur omnis haec, quam dico, conspiratio consensusque virtutum, tale est illud ipsum honestum, quandoquidem honestum aut ipsa virtus est aut res gesta virtute; quibus rebus vita consentiens virtutibusque respondens recta et honesta et constans et naturae congruens existimari potest. (66)

cōnspīrātiō, -ōnis *f.* Einklang, Einigkeit
quandōquidem da ja, weil eben

---

1 Quae nata ...: relat. Anschluss = Haec nata ... (bezieht sich auf caritas) – **2** Quae animi affectio .... relat. Anschluss = Haec affectio animi ... – **3** πολιτικόν [politikón]: (griech.) den Bürger betreffend; staatlich, politisch, öffentlich

LERNWORTSCHATZ

Virtuelle Vokabelkartei

societās, ātis *f.*	Teilhabe, Gemeinschaft; Bündnis
serpere, serpō, serpsī	kriechen, schleichen; um sich greifen
cōgnātiō, -ōnis *f.*	Blutsverwandtschaft
complexus, -ūs *m.*	Umarmung, Umfassung
cōmitās, -ātis *f.*	Freundlichkeit, Umgänglichkeit
proprius, -a, -um	eigen, eigentümlich
generāre, generō, generāvī, generātum	erzeugen, erschaffen
populāris, -e	vom Volk, für das Volk, volkstümlich, allgemein bekannt
abhorrēre, abhorreō, abhorruī	zurückschrecken, nicht passen zu
cōnsēnsus, -ūs *m.*	Übereinstimmung, Verabredung
congruere, congruō, congruī	zusammenfallen, übereinstimmen
exīstimāre, exīstimō, exīstimāvī, exīstimātum	einschätzen, meinen

Analyse und Interpretation

1 Geben Sie die Idealvorstellung der Peripatetiker vom Zusammenleben der Menschen mit eigenen Worten wieder.
2 Nennen und erläutern Sie die drei wichtigsten Werte der Philosophie des Peripatos.
3 Erläutern Sie das peripatetische Verständnis von *iustitia*.
4 Erläutern Sie den Aufbau der Aufzählung *cognationibus primum, tum affinitatibus, deinde amicitiis, post vicinitatibus, tum civibus et iis, qui publice socii atque amici sunt, deinde totius comlexu gentis humanae.* (Z. 9–13).
5 Versuchen Sie, die Begriffe *bonitas, liberalitas, benignitas* und *comitas* (V, 65, Z. 17–18) zu differenzieren, und stellen Sie Vermutungen an, warum Cicero hier vier so ähnliche Begriffe gebraucht.

Iustitia

2.4.3 Ethik: Der Philosoph und die Tugenden

Piso erklärt dem jungen Lucius Cicero die Bedeutung der Tugenden im Vergleich zu den körperlichen Vorzügen.

Antiker Athlet

Zur inhaltlichen Vorerschließung

1 Vermuten Sie, was Cicero mit *bona corporis* und *commoda corporis* meint.

Cicero, De finibus bonorum et malorum V, 71–72

Age nunc, Luci[1] noster, extrue animo altitudinem excellentiamque virtutum: iam non dubitabis, quin earum compotes homines magno animo erectoque viventes semper sint beati, qui omnis motus fortunae mutationesque rerum et temporum levis et inbecillos fore[2] intellegant, si in virtutis certamen venerint. Illa enim, quae sunt a nobis bona corporis numerata, complent ea quidem beatissimam vitam, sed ita, ut sine illis possit beata vita existere. Ita enim parvae et exiguae sunt istae accessiones bonorum, ut, quem ad modum stellae in radiis solis, sic istae in virtutum splendore ne cernantur quidem. (71)

Atque hoc ut vere dicitur, parva esse ad beate vivendum momenta ista corporis commodorum, sic nimis violentum est nulla esse dicere; qui enim sic disputant, obliti mihi videntur, quae ipsi fecerint principia naturae. Tribuendum est igitur his aliquid, dum modo quantum tribuendum sit intellegas. Est enim philosophi non tam gloriosa quam vera quaerentis nec pro nihilo putare ea, quae secundum naturam illi ipsi gloriosi esse fatebantur, et videre esse tantam vim virtutis tantamque, ut ita dicam, auctoritatem honestatis, ut reliqua non illa quidem nulla, sed ita parva sint, ut nulla esse videantur. Haec est nec omnia spernentis praeter virtutem et virtutem ipsam suis laudibus amplificantis oratio, denique haec est undique completa et perfecta explicatio summi boni. (72)

ex(s)truere, exstruō auftürmen, errichten
excellentia, -ae *f.* Vortrefflichkeit
nōn dubitāre, quīn … nicht (be-)zweifeln, dass …
inbēcillus, -a, -um kraftlos, hinfällig
accessiō, -ōnis *f.* Annäherung, Zuwachs
stēlla, -ae *f.* Stern, Planet
radius, -ī *m.* Strahl, Lichtstrahl
nimis violentum est es ginge zu weit
prīncipium, -ī *n.* Grundlage, Grundstoff
glōriōsus, -a, -um ruhmvoll
prō nihilō putāre gering schätzen, nicht achten
secundum nātūram naturgemäß, in Übereinstimmung mit der Natur
amplificāre vermehren, vergrößern
explicātiō, -ōnis *f.* Erklärung, Deutung

1 Lūcī: Vokativ von Lūcius – **2** fore = futūrum esse

LERNWORTSCHATZ Virtuelle Vokabelkartei

altitūdō, -inis *f.*	Höhe, Tiefe
compos, compotis *mit Gen.*	einer Sache teilhaftig/mächtig/fähig
ērigere, ērigō, ērēxī, ērēctum	aufrichten, errichten
mōtus, -ūs *m.*	Bewegung, Erregung
mūtātiō, -ōnis *f.*	Veränderung, Wechsel
certāmen, -inis *n.*	Wettkampf; Kampf, Streit
splendor, -ōris *m.*	Glanz, Pracht, Ansehen
oblīvīscī, oblīvīscor, oblītus sum	vergessen
dum modo *mit Konjunktiv*	wenn nur, sofern nur
honestās, -ātis *f.*	Ansehen, Anstand
spernere, spernō, sprēvī, sprētum	verachten

Analyse und Interpretation

1 Erläutern Sie die Bedeutung der Tugenden für den Menschen.
2 Was kennzeichnet Philosophen nach Meinung der Peripatetiker?

2.5 Vergleich

1 Vergleichen Sie das Verständnis von Ethik, Dialektik und Physik in den drei Philosophieschulen.
2 Vergleichen Sie die Vorstellungen der Epikureer, Stoiker und Peripatetiker von einem Philosophen bzw. ‚Weisen' und nehmen Sie dazu Stellung.
3 Diskutieren Sie die ethischen Positionen dieser drei Schulen.
4 Welche der drei Positionen überzeugt Sie am ehesten? Begründen Sie.

Philosophen im Gespräch – Ausschnitt aus Raffaels „Schule von Athen"

3 Grundfragen menschlicher Existenz

3.1 Glück und Unglück

3.1.1 Zum Einstieg

Glück und Unglück?

1. Definieren Sie *Glück und Unglück*.
2. Diskutieren Sie im Kurs Ihre Vorstellungen von *Glück und Unglück*.
3. Was macht Sie persönlich glücklich?

3.1.2 Weiterführender Text: Der Weg zum Glück

Friedrich Nietzsche, Die Fröhliche Wissenschaft 213 [KSA 3, 508]

Der Weg zum Glücke. – Ein Weiser fragte einen Narren, welches der Weg zum Glücke sei. Dieser antwortete ohne Verzug, wie Einer, der nach dem Wege zur nächsten Stadt gefragt wird: „Bewundere dich selbst und lebe auf der Gasse!" „Halt", rief der Weise, „du verlangst zu viel, es genügt schon sich selber zu bewundern!" Der Narr entgegnete: „Aber wie kann man beständig bewundern, ohne beständig zu verachten?"

Analyse und Interpretation

1. Analysieren Sie den Dialog des Weisen mit dem Narren.
2. Fassen Sie die Vorstellung des Narren vom Weg zum Glück mit eigenen Worten zusammen und diskutieren Sie diese im Kurs.
3. Stellen Sie sich vor, der Weise würde *Sie* nach dem Weg zum Glück fragen. Formulieren Sie Ihre Vorstellung vom Weg zum Glück als Antwort.

3.1.3 Der glückselige Mensch

Cicero erörtert, was aus seiner Sicht die Glückseligkeit ausmacht. Dabei hebt er besonders die Bedeutung von Tapferkeit und Mäßigung hervor.

Sprachliche Vorentlastung

1. Analysieren Sie Kapitel 42 *Qui autem … censebit?* (Z. 9–15) syntaktisch.
2. Analysieren Sie Kapitel 43 *Atque … dicere?* (Z. 26–33) syntaktisch.

Volumus enim eum, qui beatus sit, tutum esse, inexpugnabilem, saeptum atque munitum, non ut parvo metu praeditus sit, sed ut nullo. Ut enim innocens is dicitur, non qui leviter nocet, sed qui nihil nocet, sic sine metu is habendus est, non qui parva metuit, sed qui omnino metu vacat. Quae est enim alia fortitudo nisi animi adfectio cum in adeundo periculo et in labore ac dolore patiens, tum procul ab omni metu? (41)

Atque haec certe non ita se haberent, nisi omne bonum in una honestate consisteret. Qui autem illam maxume[1] optatam ex expetitam securitatem (securitatem autem nunc appello vacuitatem aegritudinis, in qua vita beata posita est) habere quisquam potest, cui aut adsit aut adesse possit multitudo malorum? Qui[2] autem poterit esse celsus et erectus et ea, quae homini accidere possunt, omnia parva ducens, qualem sapientem esse volumus, nisi omnia sibi in se posita censebit? An Lacedaemonii[3] Philippo[4] minitante per litteras se omnia, quae conarentur, prohibiturum quaesiverunt, num se esset etiam mori prohibiturus; vir is, quem quaerimus, non multo facilius tali animo reperietur quam civitas universa? Quid? Ad hanc fortitudinem, de qua loquimur, temperantia adiuncta, quae sit moderatrix omnium commotionum, quid potest ad beate vivendum deesse ei, quem fortitudo ab aegritudine et a metu vindicet, temperantia cum a libidine avocet, tum insolenti alacritate gestire non sinat? Haec[5] efficere virtutem ostenderem, nisi superioribus diebus essent explicata. (42)

Atque cum perturbationes animi miseriam, sedationes autem vitam efficiant beatam, duplexque ratio perturbationis sit, quod aegritudo et metus in malis opinatis, in bonorum autem errore laetitia gestiens libidoque versetur, quae omnia cum consilio et ratione pugnent, his tu tam gravibus concitationibus tamque ipsis inter se dissentientibus atque distractis, quem vacuum, solutum, liberum videris, hinc dubitatis beatum dicere? Atqui sapiens semper ita adfectus est; semper igitur sapiens beatus est. [...] (43)

inexpūgnābilis, -e unbezwingbar
saepīre, saepiō, saepsī, saeptum *hier:* schützen
adfectiō, -ōnis *f.* Beschaffenheit, Zustand
sēcūritās, -ātis *f.* Sorgenfreiheit, Gemütsruhe
vacuitās, -ātis *f.* Freisein, Befreitsein
celsus, -a, -um *hier:* erhaben, hochherzig
minitārī, minitor (an-)drohen
moderātrīx, -īcis *f.* Lenkerin; diejenige, die Mäßigung übt/mäßigt
commōtiō, -ōnis *f.* Aufregung, Erregung
āvocāre, āvocō *mit Abl.* abhalten, abbringen von etw.
alacritās, -ātis *f.* Eifer, Hingabe
gestīre frohlocken

1 maxumē = maximē – **2** quī *Adv.* wie, wie denn – **3** Lacedaemonius, -ī *m.*: Ladekaimonier, Spartaner – **4** Philippus, -ī *m., griech.*: Philippos; Philipp II. (359–336 v. Chr.), makedonischer König, Vater Alexanders des Großen; machte Makedonien durch Eroberungen zur stärksten Macht in Hellas und legte damit die Grundlage für die Eroberungen seines Sohnes Alexander – **5** Haec ..., nisī superiōribus diēbus essent explicāta.: Die fünf Bücher der *Tusculanae disputationes* geben philosophische Diskussionen wieder, die Cicero in seinem Landhaus in Tusculum mit Freunden über fünf Tage hinweg geführt hat; jedes Buch enthält die Gespräche eines Tages.

LERNWORTSCHATZ

Virtuelle Vokabelkartei

praeditus, -a, -um *mit Abl.*	begabt, versehen mit etw.
innocēns, -entis	unschuldig, uneigennützig
nocēre, noceō, nocuī, nocitum	schaden
vacāre, vacō, vacāvī *mit Abl.*	frei sein von etw.
fortitūdō, -inis *f.*	Tapferkeit
se habēre, habuī, habitum	sich verhalten
honestās, -ātis *f.*	Ansehen, Anstand
expetere, expetō, expetīvī, expetītum	erstreben, begehren
aegritūdō, -inis *f.*	Krankheit
ērigere, ērigō, ērēxī, ērēctum	aufrichten, errichten
sapiēns, -entis	weise
temperantia, -ae *f.*	Mäßigung, Selbstbeherrschung
īnsolēns, -entis	ungewohnt; übermäßig, übermütig
explicāre, explicō, explicāvī/explicuī, explicātum	(ausbreiten), ausführen, erörtern
perturbātiō, -ōnis *f.*	Verwirrung
miseria, -ae *f.*	Elend, Unglück
error, -ōris *m.*	Ungewissheit, Irrtum
dissentīre, dissentiō, dissēnsī, dissēnsum	nicht übereinstimmen
vacuus, -a, -um	leer

Tapferkeit im Unglück

Analyse und Interpretation

3 Analysieren Sie Ciceros Ideal des glückseligen Menschen.
4 Erläutern Sie die Bedeutung der Tapferkeit und der Mäßigung für die Glückseligkeit.
5 Begründen Sie, warum der Weise glückselig ist.

3.1.4 Die goldene Mitte

Horaz empfiehlt dem Licinus, bei allem, was er tut, die *goldene Mitte* zu wählen.

Inhaltliche und sprachliche Vorentlastung

1 Beschreiben Sie Ihre Vorstellung von der *goldenen Mitte* bzw. dem *goldenen Mittelweg*.
2 Diskutieren Sie im Kurs, ob ein Leben in der *goldenen Mitte* glücklich macht.
3 Übersetzen sie *litus iniquum* (Z. 4) und beschreiben Sie, was Sie sich darunter vorstellen.

Rectius[1] vives, Licini[1], neque altum[2]
semper urgendo[3] neque, dum procellas
cautus horrescis, nimium premendo[4]
litus iniquum.

procella, ae *f.* Unwetter; *übertr.:* Unruhe
horrēscere, horrēscō *hier:* fürchten

Auream quisquis mediocritatem
diligit, tutus caret obsoleti
sordibus tecti, caret invidenda[5]
sobrius aula.

mediocritās, -ātis *f.* *hier:* Maßhalten, Mittelweg
obsolētus, -a, -um *hier:* morsch, baufällig
sōbrius, -a, -um *hier:* enthaltsam, besonnen
aula, -ae *f.* *hier:* Königshof, Palast

Saepius ventis agitatur ingens
pinus et celsae graviore casu
decidunt turres feriuntque summos
fulgura montis.

pīnus, -ūs *f.* Fichte, Pinie
celsus, -a, -um hoch, groß
dēcidere, dēcidō niederstürzen, zu Boden fallen
fulgur, fulguris *n.* Blitz

Sperat infestis[6], metuit secundis
alteram sortem bene praeparatum
pectus. Informis[7] hiemes reducit
Iuppiter[8], idem

praeparāre, praeparō, praeparāvī, praeparātum vorbereiten, rüsten
īnfōrmis, -e unschön, hässlich

summovet. Non si male nunc, et olim
sic erit: quondam cithara[9] tacentem
suscitat Musam[10] neque semper arcum
tendit Apollo[11].

summovēre, summoveō entfernen, wegschaffen
cithara, -ae *f.* Kithara; *übertr.:* Saitenspiel
suscitāre, suscitō erregen, antreiben
Mūsa, -ae *f.* Muse
arcus, -ūs *m.* Bogen (als Waffe)

Rebus angustis animosus atque
fortis appare; sapienter idem
contrahes vento nimium secundo
turgida vela.

animōsus, -a, -um *hier:* mutig, beherzt
turgidus, -a, -um (auf-) gebläht

Versmaß: sapphische Strophe (drei sapphische Elfsilbler und ein Adoneus) —◡——⁝—◡◡—⁝◡—⏓‖ —◡——⁝—◡◡—⁝◡—⏓‖ —◡——⁝—◡◡—⁝◡—⏓‖ —◡◡⁝—⏓‖| – **1** Licinī: Vokativ; Licinius: Adressat des Gedichts, gelegentlich fälschlich mit L. Licinius Mūrēna, einem der beiden Konsuln des Jahres 23 v. Chr., identifiziert; tatsächlich aber für uns nicht näher identifizierbar – **2** altum = in altum; altum: hier das "tiefe Meer" bzw. die "hohe See" – **3** urgendō = Gerundium im Abl. – **4** premendō = Gerundium im Abl. – **5** invidendā … aulā: invidendā (Gerundivum) ist Attribut zu aulā – **6** īnfēstīs (sc. rēbus) u. secundīs (sc. rēbus) abl. abs., welche die Rahmenbedingungen charakterisieren: „unter widrigen Umständen" – „unter günstigen Umständen" – **7** īnfōrmīs = īnfōrmēs – **8** Iūppiter, Iovis *m.*: als Gott der Himmelshelle und des Blitzes u. a. auch für das Wetter zuständig – **9** cithara: ein Saiteninstrument, das besonders im Rahmen des Apollon-Kultes gespielt wurde – **10** Mūsae, -ārum *f. Pl.*: Musen; neun Göttinnen des Gesangs, des Wissens und der Erinnerung; sie inspirieren Dichter, Künstler, Musiker und Wissenschaftler; werden von Apollo angeführt; an dieser Stelle steht *musa* wohl stellvertretend für die ‚Melodie', die während des Kampfes schwieg und nun von Apoll wieder angestimmt wird – **11** Apollō, -inis *m.*: griech. Gott der Heilkunst (seine Pfeile bringen Krankheit und Tod; zugleich kann er auch Krankheiten abwehren), der Wahrheit, der Dichtung und Musik

LERNWORTSCHATZ

Virtuelle Vokabelkartei

urgēre, urgeō, ursī	(be-)drängen
cautus, -a, -um	vorsichtig
sordēs, -is *f.*	*meist Plur.:* Schmutz, Gemeinheit
invidēre, invideō, invīdī, invīsum	(be-)neiden
ferīre, feriō	schlagen
ōlim *Adv.*	einst, dereinst
quondam *Adv.*	einst, dereinst
appārēre, appāreō, appāruī	erscheinen, offenkundig sein
contrahere, contrahō, contrāxī, contractum	zusammenziehen, verbinden
vēlum, -ī *n.*	Tuch, Segel

Die neun Musen

Analyse und Interpretation

4 Übersetzen Sie *rēctius vīvere* (Z. 1) und erläutern Sie, was Horaz darunter versteht.

5 Untersuchen und deuten sie die Seefahrts-Metaphorik in der 1. Strophe.

6 Erläutern Sie Horaz' Vorstellung von der *aurea mediocritās*.

7 Erklären Sie die Bedeutung von *carēre* (Z. 6–7) im vorliegenden Kontext.

8 Erläutern Sie die Bedeutung von *invidendā aulā* (Z. 7–8) und übersetzen Sie diesen Ausdruck angemessen ins Deutsche.

9 Interpretieren Sie die 3. Strophe (Z. 9–12) und deuten Sie dabei die verwendeten Metaphern.

10 Fassen Sie die Argumentation des Gedichts zusammen und formulieren Sie die Kernaussage mit eigenen Worten.

11 Nehmen Sie Stellung zu der im vorliegenden Gedicht dargelegten Position.

3.1.5 Glück und Seelenfrieden

Horaz stellt die Bedeutung des *otium* heraus und präsentiert seine Vorstellung vom Glück.

Inhaltliche Vorerschließung

1 Beschreiben und erläutern Sie Ihre Vorstellung vom Seelenfrieden.

2 Diskutieren Sie Ihre Vorstellungen im Kurs.

Horaz, Carmen II, 16

Otium divos rogat in patenti
prensus[1] Aegaeo[2], simul atra nubes
condidit lunam neque certa fulgent
    sidera nautis;

fulgēre, fulgeō strahlen, leuchten

otium bello furiosa Thrace[3],
otium Medi[4] pharetra decori,
Grosphe[5], non gemmis neque purpura[6] ve-
nale[7] neque auro.

furiōsus, -a, -um rasend, wütend
pharetra, -ae *f.* Köcher
gemma, -ae *f.* Edelstein
purpura, -ae *f.* Purpur(-farbe)
vēnālis, -e (ver-)käuflich

Non enim gazae neque consularis
summovet lictor[8] miseros tumultus
mentis et curas laqueata[9] circum
tecta volantis.

gaza, -ae *f.* Schatz
summovēre, summoveō *hier:* fernhalten, abwehren
līctor, -ōris *m.* Liktor
laqueātus, -a, -um getäfelt

Vivitur parvo bene, cui paternum
splendet in mensa tenui salinum
nec levis somnos timor aut cupido
sordidus aufert.

salīnum, -ī *n.* Salzfass

Quid brevi fortes iaculamur aevo
multa? Quid terras alio calentis
sole mutamus? Patriae quis exsul
se quoque fugit?
[...]
Laetus in praesens animus, quod ultra est,
oderit curare et amara lento
temperet risu; nihil est ab omni
parte beatum.

iaculārī, iaculor *hier:* nach etw. jagen/streben
calēre heiß sein, glühen
sē fugere, fugiō sich selbst entfliehen
ultrā *Adv.* darüber hinaus; *hier:* künftig
amārus, -a, -um bitter, unangenehm
lentus, -a, -um *hier:* ruhig, gelassen
rīsus, -ūs *m.* Lachen

Abstulit clarum cita mors Achillem[10],
longa Tithonum[11] minuit senectus,
et mihi forsan, tibi quod negarit[12],
porriget hora.
[...]

citus, -a, -um schnell, rasch
forsan vielleicht

Versmaß: sapphische Strophe (drei sapphische Elfsibler und ein Adoneus) —◡——⁝—◡◡—⁝◡—⏓‖ —◡——⁝—◡◡—⁝◡—⏓‖ —◡——⁝—◡◡—⁝◡—⏓‖ —◡◡⁝—⏓‖| – **1** prēnsus, -a, -um: PPP v. prehendere; hier wohl für dēprehendere ‚ergreifen, überraschen'; prēnsus hier also soviel wie ‚vom Sturm überrascht' – **2** Aegaeum, -ī *n.*: das Aegeische Meer – **3** Thrācē, -ēs *f.*: Thrakien. Land auf der Balkanhalbinsel, östlich von Makedonien. Thrakien war in den Jahren 29-27 v. Chr. umkämpft. – **4** Mēdī, -ōrum *m.*: Meder, Perser, Parther – **5** Grosphus, -ī *m.*: Eigenname – **6** purpura, -ae *f.*: Purpur, ein roter Farbstoff, der aus Purpurschnecken gewonnen wird und daher sehr teuer ist; man benötigt etwa 12.000 Purpurschnecken, um 1,5 g des Farbstoffs zu gewinnen. – **7** vēnāle: auf ōtium bezogen – **8** līctor, -ōris *m.*: Amtsdiener der höheren Magistrate; Liktoren gingen mit ihren fascēs, den mit einem Beil versehenen Rutenbündeln, vor den Beamten her, um ihnen den Weg frei zu machen. – **9** laqueāta circum tēcta: Gemeint ist ein prachtvoll geschmückter Saal – **10** Achillēs, -is *m.* (*griech.:* Achilleus): Sohn des Peleus und der Göttin Thetis; einer der Heerführer und zugleich stärkster und schnellster Kämpfer der Griechen im Kampf gegen Troja; ihm war prophezeit worden, dass er entweder ein langes, ruhmloses Leben führen oder aber schon jung, dafür aber ruhmvoll, vor Troja sterben müsse; er fällt durch die Hand des trojanischen Königssohnes Paris. – **11** Thītōnus, -ī *m.*: erlangte zwar Unsterblichkeit, jedoch ohne ewige Jugend, und so schrumpfte er und wurde schließlich in eine Heuschrecke verwandelt – **12** negārit = negāverit

LERNWORTSCHATZ

Virtuelle Vokabelkartei

urgēre, urgeō, ursī	(be-)drängen
cautus, -a, -um	vorsichtig
sordēs, -is *f.*	*meist Plur.:* Schmutz, Gemeinheit
invidēre, invideō, invīdī, invīsum	(be-)neiden
ferīre, feriō	schlagen
ōlim *Adv.*	einst, dereinst
quondam *Adv.*	einst, dereinst
appārēre, appāreō, appāruī	erscheinen, offenkundig sein
contrahere, contrahō, contrāxī, contractum	zusammenziehen, verbinden
vēlum, -ī *n.*	Tuch, Segel

Achilles

Analyse und Interpretation

3 Erläutern Sie die Bedeutung des *otium* für die Menschen.

4 Übersetzen Sie *vīvitur parvō bene* (Z. 13) unter Berücksichtigung der Übersetzungsmöglichkeiten für das lateinische Passiv angemessen ins Deutsche.

5 Erklären Sie die Bedeutung von *tenuis, -e* in der Wendung *in mēnsā tenuī* (Z. 14) im vorliegenden Kontext und übersetzen Sie die Wendung dementsprechend ins Deutsche.

6 Interpretieren Sie die Aussage *et mihi forsan, tibi quod negarit, porriget hora.* (Z. 31 – 32).

7 Fassen Sie die Argumentation des Gedichts zusammen und formulieren Sie die Kernaussagen mit eigenen Worten.

8 Nehmen Sie Stellung zu der im vorliegenden Gedicht dargelegten Position.

3.1.6 Sich selbst ist der Weise genug

In diesem Brief erörtert Seneca die Frage des Lucilius, ob Epikur zurecht die Behauptung kritisiert habe, dass der Weise mit sich selbst zufrieden sei und deshalb keinen Freund brauche.

Seneca, Epistulae morales ad Lucilium 9, 13 – 22

Se contentus est sapiens. Hoc, mi Lucili[1], plerique perperam interpretantur: sapientem undique submovent et intra cutem suam cogunt. Distinguendum autem est, quid et quatenus vox ista promittat; se contentus est sapiens ad beate vivendum, non ad vivendum. Ad hoc enim multis illis rebus opus est, ad illud tantum animo sano et erecto et despiciente fortunam. (13)

perperam *Adv.* unrichtig, falsch, verkehrt
submovēre, -moveō wegdrängen, fernhalten
intrā cutem cōgere *hier:* zu einem zurückgezogenen Leben zwingen
quātenus wie weit, wie lange

Volo tibi Chrysippi[2] quoque distinctionem indicare. Ait sapientem nulla re egere, et tamen multis illis rebus opus esse: „Contra stulto nulla re opus est; nulla re enim uti scit, sed omnibus eget.“ Sapienti et manibus et oculis et multis ad cottidianum usum necessariis opus est, eget nulla re: egere enim necessitatis est, nihil necesse sapienti est. (14)

distinctiō, -ōnis *f.* Unterscheidung
contra *hier:* dagegen, andererseits

Ergo quamvis se ipso contentus sit, amicis illi opus est, hos cupit habere quam plurimos, non ut beate vivat: vivet enim etiam sine amicis beate. Summum bonum extrinsecus instrumenta non quaerit: domi colitur, ex se totum est. Incipit fortunae esse subiectum, si quam partem sui foris quaerit. (15)

extrīnsecus *Adv.* von außen, außerhalb

„Qualis tamen futura est vita sapientis, si sine amicis relinquatur in custodiam coniectus vel in aliqua gente aliena destitutus vel in navigatione longa retentus aut in desertum litus eiectus?“ Qualis[3] est Iovis, cum resoluto[5] mundo et diis[4] in unum confusis paulisper cessante natura adquiescit sibi cogitationibus suis traditus. Tale quiddam sapiens facit: in se reconditur, secum est. (16)

dēstituere, dēstituō, dēstituī, dēstitūtum zurücklassen, alleine lassen
nāvigātiō, -ōnis *f.* Schifffahrt, Seereise
Iūppiter, Iōvis *m.* Jupiter
resolvere, resolvō, resolvī, resolūtum auflösen
cōnfundere, cōnfundō, cōnfūsī, cōnfūsum *hier:* vereinigen, verbinden
paulisper *Adv.* eine kurze Zeit
adquiēscere, adquiēscō zur Ruhe kommen, ausruhen
recondere, recondō verstecken, verbergen

Quamdiu quidem illi licet suo arbitrio res suas ordinare, se contentus est et ducit uxorem, se contentus est et liberos[6] tollit, se contentus est et tamen non viveret, si foret[7] sine homine victurus[8]. Ad amicitiam fert illum nulla utilitas sua, sed naturalis inritatio: nam ut aliarum nobis rerum innata dulcedo est, sic amicitiae. Quomodo solitudinis odium est et adpetitio societatis, quomodo hominem homini natura conciliat, sic inest huic quoque rei stimulus, qui nos amicitiarum appetentes faciat. (17)

quamdiū *Adv. hier:* so lange wie
ōrdināre ordnen, regeln
uxōrem dūcere heiraten
inrītatiō, -ōnis *f.* Reizung, Anreiz
innātus, -a, -um angeboren
dulcēdō, -inis *f.* Süße; *übertr.:* Reiz, Lust, Trieb
quōmodo *Adv.* wie, auf welche Weise
adpetītiō, ōnis *f.* Streben, Verlangen, Trieb
stimulus, ī *m. hier:* Antrieb

Nihilominus, cum sit amicorum amantissimus, cum illos sibi comparet, saepe praeferat, omne intra se bonum terminabit et dicet, quod Stilbon ille dixit, Stilbon[9], quem Epicuri[10] epistula insequitur. Hic enim capta patria, amissis liberis, amissa[11] uxore cum ex incendio publico solus et tamen beatus exiret, interrogandi Demetrio[12], cui cognomen ab exitio urbium Poliorcetes[13] fuit, numquid perdidisset: „Omnia“, inquit, „bona mea mecum sunt.“ (18)

termināre, terminō begrenzen, bestimmen
numquid? etwa? ob etwa?

Ecce vir fortis ac strenuus! Ipsam hostis sui victoriam vicit. „Nihil“, inquit, „perdidi.“ Dubitare illum coegit, an vicisset. „Omnia mea mecum sunt.“: iustitia, virtus, prudentia, hoc ipsum, nihil bonum putare, quod eripi possit. Miramur animalia quaedam, quae per[14] medios ignes sine noxa corporum transeunt: quanto hic mirabilior vir, qui per ferrum et ruinas et ignes inlaesus et indemnis evasit! Vides, quanto facilius sit totam gentem quam unum virum vincere? Haec vox illi communis est cum Stoico[15]: aeque et hic intacta bona per concrematas urbes fert. Se enim ipse contentus est: hoc felicitatem suam fine designat. (19)

strēnuus, -a, -um kräftig; entschlossen
noxa, -ae *f. hier:* Schaden
mīrābilis, -e erstaunlich, bewundernswert
inlaesus, -a, -um unverletzt
indemnis, -e ungeschädigt
intāctus, -a, -um unberührt, unversehrt
concremāre, -cremō, -cremāvī, -cremātum niederbrennen

Ne existimes nos solos generosa verba iactare: et ipse Stilbonis obiurgator Epicurus similem illi vocem emisit, quam tu boni[16] consule, etiam si hunc diem iam expunxi. „Si cui“, inquit, „sua non videntur amplissima, licet totius mundi dominus sit, tamen miser est.“ „Vel si hoc modo tibi melius enuntiari videtur – id enim agendum est, ut non verbis serviamus, sed sensibus – : „Miser est, qui se non beatissimum iudicat, licet imperet mundo.“ (20)

generōsus, -a, -um *hier:* edelmütig, hochherzig
verba iactāre Worte ausstoßen/von sich geben
obiūrgātor, -ōris *m.* Tadler
expungere, -pungō, -punxī ausstreichen; tilgen
ēnūntiāre *hier:* aussprechen, ausdrücken

Ut scias autem hos sensus esse communes, natura scilicet dictante, apud poetam comicum invenies:

Non[17] est beatus, esse[18] se qui non putat.
Quid enim refert, qualis status tuus sit, si tibi videtur malus? (21)

dictāre wiederholt sagen; vorsagen, diktieren
poēta cōmicus Lustspieldichter

„Quid ergo“, inquis, „si beatum se dixerit ille turpiter dives et ille multorum dominus, sed plurium servus, beatus sua sententia fiet?“ Non quid dicat, sed quid sentiat, refert, nec quid uno die sentiat, sed quid assidue. Non est autem, quod verearis, ne ad indignum res tanta perveniat: nisi sapienti sua non placent. Omnis stultitia laborat fastidio sui. [...] (22)

assiduus, -a, -um *hier:* unablässig, ununterbrochen
stultitia, -ae *f.* Torheit, Dummheit, Einfalt

---

1 Lūcīlī: Vokativ von Lūcīlius, -ī m.; Lūcīlius, -ī *m.*: Adressat der Epistulae morales in Lucilium – **2** Chrȳsippus, -ī *m.*: Chrysippos von Soloi (ca. 281 – 208 v. Chr.) stoischer Philosoph, Schüler des Zenon und Schulhaupt der Stoa nach Kleanthes – **3** quālis est Iōvis = quālis est vīta Iōvis – **4** diīs = deīs – **5** resolūtō mundō et diīs in ūnum cōnfūsis: abl. abs. – **6** līberōs tollere: hier: Kinder groß ziehen – **7** foret = esset – **8** vīctūrus, -a, -um: Part. Fut. Akt. v. vīvere – **9** Stilbōn, -ōnis *m.*: (eigentlich:) Stilpon, griech. Philosoph aus Megara, Schüler Euklids – **10** Epicūrus, -ī *m.*: latinisierte Form des Namens Epikur – **11** āmissā uxōre: abl. abs. – **12** Demetrius, -ī m. (ca. 336 – 283 v. Chr.): (griech.) Demetrios I., griech. Feldherr, König von Makedonien; wurde 285 von seinem Schwiegersohn zur Machtübergabe gezwungen – **13** Poliorcētēs, -ae *m.*: ‚Städtebelagerer‘; Beiname des Demetrios I. – **14** per mediōs īgnēs: mitten durch das Feuer, mitten durch die Flammen – **15** Stōicus, -ī *m.*: stoischer Philosoph, Stoiker – **16** aliquid bonī cōnsulere: etw. gutheißen, sich mit etw. zufrieden geben – **17** Nōn est beātus, esse sē quī nōn putat.: iambischer Trimeter, hier: — — ᴗ — ⁞ ᴗ — ᴗ — ⁞ — — ᴗᴗ. – **18** ... esse sē quī nōn putat = quī sē (sc. beātum) esse nōn putat

LERNWORTSCHATZ

Virtuelle Vokabelkartei

interpretārī, interpretor, interpretātus sum	erklären, deuten, übersetzen
distinguere, distinguo, distīnxī, distīnctum	unterscheiden, trennen, genau bezeichnen
sānus, -a, -um	gesund; besonnen, vernünftig
dēspicere, dēspiciō, dēspēxī, dēspectum	herabsehen, verachten
egēre, egeō, eguī *mit Abl./Gen.*	Mangel haben an etw., einer Sache bedürfen
cottīdiānus, -a, -um	täglich
necessitās, -ātis *f.*	Notwendigkeit, Not
īnstrūmentum, -ī *n.*	Gerät, Werkzeug
domī *Adv.*	zu Hause
futūrus, -a, -um	künftig
mundus, ī *m.*	Weltall, Welt
cōgitātiō, -ōnis *f.*	Nachdenken, Gedanke, Absicht
arbitrium, -iī *n.*	Ermessen, Meinung
ūtilitās, -ātis *f.*	Nutzen, Vorteil
nātūrālis, -e	Natur-, natürlich; leiblich, angeboren
sōlitūdō, -inis *f.*	Verlassenheit, Einsamkeit
societās, ātis *f.*	Teilhabe, Gemeinschaft; Bündnis
conciliāre, conciliō, conciliāvī, conciliātum	sich geneigt machen, (für sich) gewinnen
inesse, īnsum, īnfuī	in/an/auf etw. sein, innewohnen
nihilōminus *Adv.*	nichtsdestoweniger
cōgnōmen, -minis *n.*	Beiname
exitium, -iī *n.*	Verderben, Untergang
iūstitia, -ae *f.*	Gerechtigkeit
animal, -ālis *n.*	Lebewesen
quanto *Adv.*	*(mit Komparativ)* um wie viel
ruīna, -ae *f.*	Sturz; *im Plural auch:* Trümmer
ēvādere, ēvādō, ēvāsī, ēvāsum	herausgehen, entkommen; auf etw. hinauslaufen
fēlīcitās, -ātis *f.*	Fruchtbarkeit, Glück
dēsīgnāre, dēsīgnō, dēsīgnāvī, dēsīgnātum	bezeichnen, ernennen
melior, melius	besser
fastidīum, -iī *n.*	Überdruss, Verwöhntheit, Hochmut
status, -ūs *m.*	Zustand

Analyse und Interpretation

1 Erläutern Sie, was Seneca mit der Aussage „Der Weise ist sich selbst genug." meint.
2 Begründen Sie, warum der Weise keine Freunde nötig hat, um glücklich zu leben.
3 Nehmen Sie Stellung zu Senecas Position.
4 Interpretieren Sie Stilpons Aussage „Omnia mea mecum sunt." (Z. 50).
5 Interpretieren Sie den Komödienvers „Non est beatus, esse se qui non putat." (Z. 69).

Alt und weise?

3.2 Freiheit und Schicksal

3.2.1 Zum Einstieg

1 Definieren Sie die Begriffe *Freiheit* und *Schicksal* und erläutern Sie Ihre persönliche Vorstellung von diesen beiden Begriffen.
2 Diskutieren Sie, ob bzw. inwiefern Freiheit möglich ist.

3.2.2 Weiterführender Text

Der Schweizer Philosoph und Schriftsteller Andreas Urs Sommer (*1972) schreibt zu den Themen *Freiheit* und *Schicksal*:

Andreas Urs Sommer, Die Kunst, selber zu denken. Ein philosophischer Dictionnaire. Frankfurt am Main: Eichborn 2002 (Die Andere Bibliothek). S. 81 u. 228–229.

Freiheit. Freiheit wäre, in jedem Augenblick sich selbst heraus- und zurücknehmen zu können. Die ist freilich nicht menschenmöglich.

[...]

Schicksal. Eine altertümliche Vokabel, um die man heute geduckt und auf Schleichwegen einen großen Bogen zu machen pflegt. Um die Sache selbst – nämlich die Erfahrung, daß die meisten Dinge dieser Welt nicht in meiner Hand sind – kommt man aber auch in auf- und abgeklärten Zeiten kaum herum: „Umstände" oder „Zufall" heißen ihre weniger metaphysik- und mythosträchtigen Namen. [...] Dieses Schicksal – ich bleibe bei der wolkenverhangenen Vokabel – ist zum größten Teil ein vom Menschen gemachtes: Wir scheuen uns, die beim Namen zu nennen, denen wir die „Umstände", die „Sachzwänge" verdanken, [...] uns selbst zu nennen.

Ducunt volentem fata, nolentem trahunt. [...] Was nicht bedeuten kann, daß ich denen keinen Widerstand leiste, die sich als mein Schicksal aufspielen. Schon der Versuch zum Widerstand ist vornehm.

Analyse und Interpretation

1 Nehmen Sie Stellung zu Sommers Definition von *Freiheit*.
2 Diskutieren Sie Sommers Vorstellungen vom *Schicksal* im Kurs.

3.2.3 Die Fesseln des Körpers

Seneca berichtet Lucilius, dass er sich am Vortag nicht wohl gefühlt habe und sich deshalb mit philosophischen Fragen beschäftigt habe, um seine Seele von den Zwängen des Körpers abzulenken und zu befreien.

Seneca, Epistulae morales ad Lucilium 65, 16 – 24

[...] Nam corpus hoc animi pondus ac poena est: premente illo urguetur, in vinculis est, nisi accessit philosophia et illum respirare rerum naturae spectactulo iussit et a terrenis ad divina dimisit. Haec libertas eius est, haec evagatio; subducit interim se custodiae, in qua tenetur, et caelo reficitur. (16)

respīrāre ausatmen, aufatmen; sich erholen; aufhören
terrēnus, -a, -um *hier:* zur Erde gehörig, irdisch
ēvāgātiō, -ōnis *f.* das Umherschweifen

Quemadmodum artifices ex alicuius rei subtilioris intentione, quae oculos defatigat, si malignum habent et precarium lumen, in publicum prodeunt et in aliqua regione ad populi otium dedicata oculos libera[1] luce delectant: sic animus in hoc tristi et obscuro domicilio clusus, quotiens potest, apertum petit et in rerum naturae contemplatione requiescit. (17)

subtīlis, -e fein; genau, gründlich
intentiō, -ōnis *f.* Anspannung; Aufmerksamkeit
dēfatīgāre, dēfatīgō völlig ermüden, erschöpfen
malīgnus, -a, -um *hier:* schlecht; ungünstig
precārius, -a, -um *hier:* unsicher, unbeständig
dēdicāre, dēdicō, dēdicāvī, dēdicātum *hier:* widmen
domicilium, -iī *n.* Wohnsitz
clūdere, clūdō, clūsī, clūsum *hier:* einschließen, einsperren
contemplātiō, -ōnis *f.* Betrachtung

Sapiens adsectatorque sapientiae adhaeret quidem in corpore suo, sed optima sui parte abest et cogitationes suas ad sublimia intendit. Velut sacramento rogatus hoc, quod vivit, stipendium putat: et ita formatus est, ut illi nec amor vitae nec odium sit, patiturque mortalia, quamvis sciat ampliora superesse. (18)

adsectātor, -ōris *m.* *hier:* Anhänger
adhaerere, adhaereō (fest-)hängen
sublīmis, -e *hier:* erhaben
sacrāmentum, -ī *n.* *hier:* Eid; Pflicht
fōrmāre, fōrmō, fōrmāvī, fōrmātum gestalten, bilden; schaffen

Interdicis mihi inspectionem rerum naturae, a toto abductum redigis in partem? Ego non quaeram, quae sint initia universorum, quis rerum formator, quis omnia in uno mersa et materia inerti convoluta discreverit? Non quaeram,

īnspectiō, -ōnis *f.* *hier:* Untersuchung
fōrmātor, -ōris *m.* Schöpfer, Urheber
convolvere, -volvō, -volvī, -volūtum zusammenrollen

quis sit istius artifex mundi, qua ratione tanta magnitudo in legem et ordinem venerit, quis sparsa collegerit, confusa distinxerit, in una deformitate iacentibus faciem diviserit, unde lux tanta fundatur, ignis sit, an aliquid igne lucidius? (19)

artifex, -icis *m. hier:* Urheber, Schöpfer

dēfōrmitās, -ātis *f. hier:* Formlosigkeit

lūcidus, -a, -um hell, leuchtend

Ego ista non quaeram? Ego nesciam, unde descenderim? Semel haec mihi videnda sint, an saepe nascendum, quo hinc iturus[2] sim, quae sedes exspectet animam solutam legibus servitutis humanae? Vetas me caelo interesse, id est, iubes me vivere capite demisso. (20)

Maior sum et ad maiora genitus, quam ut mancipium sim mei corporis, quod equidem non aliter aspicio quam vinculum aliquod libertati meae circumdatum. Hoc itaque oppono fortunae, in quo resistat, nec per illud ad me ullum transire vulnus sino. Quicquid in me potest iniuriam pati, hoc est: in hoc obnoxio domicilio animus liber habitat. (21)

domicilium, -iī *n.* Wohnsitz

Numquam me caro ista compellet ad metum, numquam ad indignam bono simulationem; numquam in honorem huius corpusculi mentiar. Cum visum erit, distraham cum illo societatem. Et nunc tamen, dum haeremus, non erimus aequis partibus socii: animus ad se omne ius ducet. Contemptus corporis sui certa libertas est. (22)

simulātiō, -ōnis *f.* Verstellung, Heuchelei
corpusculum, -ī *n.* Körperchen; Atom; wertloser Leib
distrahere, distrahō zerreißen; trennen; auflösen
contemptus, -ūs *m.* Geringschätzung, Verachtung

Ut ad propositum revertar, huic libertati multum conferet et illa, de qua modo loquebamur, inspectio. Nempe universa ex materia et ex deo constant. Deus ista temperat, quae circumfusa rectorem secuntur[3] et ducem. Potentius autem est ac pretiosius, quod facit, quod est deus, quam materia patiens dei. (23)

īnspectiō, -ōnis *f. hier:* Untersuchung
nempe *Adv.* denn … doch, sicherlich, offenbar
circumfundere, -fundō, -fūdī, -fūsum herumfließen; sich ausbreiten

Quem[4] in hoc mundo locum deus obtinet, hunc in homine animus: quod est illic materia, id in nobis corpus est. Serviant ergo deteriora melioribus: fortes simus adversus fortuita: non contremescamus iniurias, non vulnera, non vincula, non egestatem. Mors quid est? Aut finis aut transitus. Nec desinere timeo, idem est enim, quod non coepisse, nec transire, quia nusquam tam anguste ero. [...] (24)

---

1 līberā lūce delectāre: libera lux ‚das freie/offene Licht', also ‚Tageslicht' – **2** itūrus, -a, -um: Part. Fut. Akt. v. īre – **3** secuntur = sequuntur – **4** Quem in hōc mundō locum = quem locum in hōc mundō

LERNWORTSCHATZ

Virtuelle Vokabelkartei

pondus, -eris *n.*	Gewicht
philosophia, -ae *f.*	Philosophie; ‚Liebe zur Weisheit'
spectāculum, -ī *n.*	Anblick, Schauspiel
reficere, reficiō, refēcī, refectum	wiederherstellen
artifex, -ficis *m.*	Künstler, Schöpfer
prōdīre, prōdeō, prōdiī, prōditum	hervorkommen, vorrücken
requiēscere, requiēscō, requiēvī, requiētum	ruhen, sich erholen
sapientia, -ae *f.*	Weisheit
intendere, intendo, intendī, intentum	anspannen, richten auf
stipendium, -iī *n.*	Sold, Kriegsdienst; Tribut
interdīcere, interdīcō, interdīxī, interdictum	untersagen
mergere, mergō, mersī, mersum	eintauchen, versenken
māteria, -ae *f.*	Bauholz, Material
iners, inertis	ungeschickt, träge
discernere, discernō, discrēvī, discrētum	trennen, unterscheiden
faciēs, -ēī *f.*	Gestalt, Gesicht
semel *Adv.*	einmal
vetāre, vetō, vetuī, vetitum	verbieten
gīgnere, gīgnō, genuī, genitum	erzeugen, gebären, hervorbringen
mancipium, iī *n.*	Eigentum, Sklave
oppōnere, oppōnō, opposuī, oppositum	entgegenstellen
obnoxius, -a, -um	verpflichtet, unterworfen, abhängig
compellere, compellō, compulī, compulsum	zusammen-/hintreiben, bewegen
mentīrī, mentior, mentītus sum	(sich etw. ausdenken), lügen
prōpositum, -ī *n.*	Vorsatz, Ziel; Thema
rēctor, -ōris *m.*	Lenker, Leiter
pretiōsus, -a, -um	kostbar, kostspielig
fortuītus, -a, -um	zufällig
egestās, -ātis *f.*	Armut, Mangel
trānsitus, -ūs *m.*	Übergang, Durchgang
nusquam *Adv.*	nirgendwo, nirgendwohin

Analyse und Interpretation

1 Fassen Sie Senecas Argumentation zusammen und formulieren Sie die Kernaussagen des Textes thesenartig.

2 Nehmen Sie Stellung zu Senecas Position.

3.2.4 Iuppiter folgen!

Seneca rät Lucilius, sich von Schicksalsschlägen nicht aus der Bahn werfen zu lassen, sondern sie gering zu achten und dafür zu sorgen, dass sie ihn nicht unvorbereitet treffen. Am besten, so Seneca, sei es, hinzunehmen, was man nicht ändern kann, und dem Gott, nach dessen Willen alles geschieht, ohne Murren zu folgen. Um diese Position zu unterstreichen, zitiert Seneca einige Verse des Kleanthes und interpretiert sie.

Seneca, Epistulae morales ad Lucilium 107, 11–12

Duc[1], o parens celsique dominator poli,
Quocumque placuit; nulla parendi mora est,
Adsum inpiger. Fac[2] nolle, comitabor gemens
Malusque patiar facere, quod licuit bono.
Ducunt volentem fata, nolentem trahunt.
(11)

celsus, -a, -um hoch, erhaben; groß
dominātor, -ōris *m.* Beherrscher
polus, -ī *m.* Pol, Himmel
impiger, -gra, -grum rastlos, unverdrossen, unermüdlich

Sic vivamus, sic loquamur: paratos nos inveniat atque inpigros fatum. Hic est magnus animus, qui se ei tradidit; at contra ille pusillus et degener, qui obluctatur et de ordine mundi male existimat et emendare mavult deos quam se. (12)

inpiger, -gra, -grum rastlos, unverdrossen, unermüdlich

pusillus, -a, -um klein; kleinlich
dēgener, -eris *m./f.* unedel, unwürdig, niedrig
obluctārī, obluctor sich sträuben
ēmendāre von Fehlern befreien; (ver-)bessern

Versmaß: iambischer Trimeter, *hier:* ⏓ — ⏑ ⏕ ⁝ ⏓ ⏕ ⏑ ⏕ ⁝ ⏔ — ⏑ — ‖ – **1** duc: 2. Sg. Imperat. Präs. v. ducere – **2** fac: 2. Sg. Imperat. Präs. v. facere

LERNWORTSCHATZ

Virtuelle Vokabelkartei

comitārī, comitor, comitātus sum	begleiten
gemere, gemō, gemuī, gemitum	seufzen, stöhnen
parātus, -a, -um	bereit, bereitwillig

Analyse und Interpretation

1 Interpretieren Sie *Ducunt volentem fata, nolentem trahunt* (Z. 5).
2 Bewerten Sie Senecas Haltung.

Juppiter

3.2.5 Dem Gott zu gehorchen ist Freiheit

Auch in seiner Abhandlung *Über das glückliche Leben* erörtert Seneca u. a. die Frage, warum und wie man dem Gott gehorchen und alles mit Fassung hinnehmen soll.

Seneca, De vita beata 15, 7

Quicquid ex universi constitutione patiendum est, magno[1] suscipiatur animo; ad hoc sacramentum adacti sumus, ferre mortalia nec perturbari iis, quae vitare non[2] est nostrae potestatis. In regno nati sumus: deo parere libertas est.

ūniversum, ī *n. hier:* Welt
cōnstitūtiō, -ōnis *f. hier:* Einrichtung; Zustand
sacrāmentum, -ī *n. hier:* Treueeid; Pflicht
adigere, adigō, adēgī, adāctum *hier:* binden; vereidigen

1 māgnō animō: ‚mit Großmut' – **2** nōn est nostrae potestātis: es steht nicht in unserer Macht

Analyse und Interpretation

1 Analysieren Sie Senecas Argumentation.
2 Bewerten Sie die These: „deō pārēre lībertās est.".

3.2.6 Freiheit

Seneca stellt fest, dass die Menschen zwar nach sittlicher Vollkommenheit streben, aber doch von Natur aus mit moralischen Fehlern behaftet sind. Er führt dem Leser jedoch vor Augen, was uns erwartet, wenn wir es schaffen, uns von diesen Fehlern frei zu machen.

Seneca, Epistulae morales ad Lucilium 75, 16 – 18

[...] At quam grande praemium exspectat, si occupationes nostras et mala tenacissima abrumpimus? (16)

Non cupiditas nos, non timor pellet; inagitati terroribus, incorrupti voluptatibus nec mortem horrebimus nec deos; sciemus mortem malum non esse, deos malo non esse. Tam imbecillum est, quod nocet, quam cui nocetur; optima[1] vi[2] noxia carent. (17)

tenāx, -ācis *hier:* beharrlich, hartnäckig
abrumpere, abrumpō *hier:* aufgeben
inagitātus, -a, -um nicht erschüttert; unerschütterlich
incorruptus, -a, -um *hier:* unverdorben, unbestechlich
imbēcillus, -a, -um schwach
noxius,-a, -um schädlich, bösartig

Exspectant nos, si ex hac aliquando faece in illud evadimus sublime et excelsum, tranquillitas animi et expulsis erroribus absoluta libertas. Quaeris, quae sit ista. Non homines timere, non deos; nec turpia velle nec nimia; in se ipsum habere maximam potestatem: inaestimabile bonum est suum fieri. [...] (18)

faex, faecis *f.* *hier:* Bodensatz, Abschaum
sublīmis, -e *hier:* hoch; erhaben
trānquillitās, -ātis *f.* *hier:* (Gemüts-) Ruhe, Frieden
inaestimābilis, -e *hier:* unschätzbar; außerordentlich

1 optima: Nom. Pl. (neutr.) – **2** vī noxiā: Ablativ-Obj. zu carēre

LERNWORTSCHATZ — Virtuelle Vokabelkartei

occupātiō, -ōnis *f.*	Beschäftigung
terror, -ōris *m.*	Schrecken
horrēre, horreō, horruī	von etw. starren, sich entsetzen
aliquandō	irgendwann, einst
excelsus, -a, um	hochragend, erhaben
absolvere, absolvō, absolvī, absolūtum	befreien, freisprechen

Analyse und Interpretation

1 Erläutern Sie, worin das *grande praemium* besteht.
2 Erläutern Sie das von Seneca hier präsentierte Konzept von *Freiheit* und nehmen Sie Stellung dazu.

3.2.7 Dem Schicksal widerstehen

Seneca erklärt, wie man durch Abhärtung gegenüber den Verlockungen der Laster dem Schicksal widerstehen und so Freiheit erlangen kann.

Seneca, Epistulae morales ad Lucilium 51, 5–9

Id agere debemus, ut irritamenta vitiorum quam longissime profugiamus; indurandus est animus et a blandimentis voluptatum procul abstrahendus. Una Hannibalem[1] hiberna solverunt et indomitum illum nivibus atque Alpibus virum enervaverunt fomenta Campaniae[2]: armis vicit, vitiis victus est. (5)

irrītāmentum, -ī *n.* Verlockung
indūrāre härten, abhärten
blandīmentum, -ī *n.* Reiz, Verlockung
indomitus, -a, -um *hier:* unbezwungen
Alpēs, -ium *f.* die Alpen
ēnervāre, ēnervō, ēnervāvī entkräften, schwächen
fōmentum, -ī *n.* *hier:* Annehmlichkeiten

Nobis quoque militandum est, et quidem genere militiae, quo numquam quies, numquam otium datur: debellandae sunt in[3] primis voluptates, quae, ut vides, saeva quoque ad se ingenia rapuerunt. Si quis sibi proposuerit, quantum operis adgressus[4] sit, sciet nihil delicate, nihil molliter esse faciendum. Quid mihi cum istis calentibus stagnis, quid cum sudatoriis, in quae siccus vapor corpora exhausurus[5] includitur? Omnis sudor per laborem exeat. (6)

mīlitāre als Soldat dienen, Kriegsdienste leisten
dēbellāre (endgültig) bezwingen; überwinden
dēlicātus, -a, -um *hier:* verwöhnt, verzärtelt
calēre heiß sein
stāgnum, -ī *n. hier:* (Wasser-) Becken
sūdātōrium, -iī *n.* Schwitzbad
vapor, -ōris *m. hier:* Wärme
exhaurīre, -hauriō, -hausī, -haustum leeren; erschöpfen
sūdor, -ōris *m.* Schweiß

Si faceremus, quod fecit Hannibal, ut interrupto cursu rerum omissoque bello fovendis corporibus operam daremus, nemo non intempestivam desidiam victori quoque, nedum vincenti, periculosam merito reprehenderet; minus nobis quam illis Punica signa[6] sequentibus licet, plus periculi restat cedentibus, plus operis etiam perseverantibus. (7)

interrumpere, -rumpō, -rūpī, -ruptum unterbrechen, abbrechen
operam dare *mit Dat.* sich bemühen, sich Mühe geben
intempestīvus, -a, -um unzeitig, ungelegen
nēdum geschweige denn
Pūnicus, -a, -um phönizisch, karthagisch; punisch

Fortuna mecum bellum gerit: non sum imperata facturus; iugum non recipio, immo, quod maiore virtute faciendum est, excutio. Non est emolliendus animus: si voluptati cessero[7], cedendum est dolori, cedendum est labori, cedendum est paupertati; idem[8/9] sibi in[10] me iuris esse volet et ambitio et ira: inter tot affectus distrahar, immo discerpar. (8)

bellum gerere Krieg führen
excutere, excutiō abschütteln, abwerfen
ēmollīre weich machen, verweichlichen
affectus, -ūs *m. hier:* Gefühl; Leidenschaft
distrahere, distrahō zerreißen, auflösen, zerteilen
discerpere, -cerpō zerstückeln, zerreißen

Libertas proposita est; ad hoc praemium laboratur. Quae sit libertas, quaeris? Nulli rei servire, nulli necessitati, nullis casibus, fortunam in aequum deducere. Quo die illa me intellexero[11] plus posse, nil poterit. Ego illam feram, cum in manu mors sit? (9)

---

1 Hannibal, -alis *m.*: (247–183 v. Chr.) karthagischer Feldherr – **2** Campānia, -ae *f.*: Kampanien; fruchtbares, meist ebenes Land um den heutigen Golf von Neapel – **3** in prīmīs = imprīmīs – **4** adgressus = aggressus – **5** exhausūrus, -a, -um: Part. Fut. Akt. v. exhaurīre – **6** sīgnum, -ī n.: *hier:* Feldzeichen, Fahne – **7** cesserō: 1. Ps. Sg. Fut. II Ind. Akt. v. cēdere – **8** idem sibi in me iuris esse volet = idem sibi in mē iūs esse volet – **9** idem iūris = idem iūs – **10** in mē: ‚gegen mich', ‚mir gegenüber' – **11** intellēxerō: 1. Ps. Sg. Fut. II Ind. Akt. v. intellegere

LERNWORTSCHATZ

Virtuelle Vokabelkartei

profugere, profugiō, profūgī	davonlaufen, sich flüchten
abstrahere, abstrahō, abstrāxī, abstractum	fortschleppen, losreißen
hīberna, -ōrum *n. Pl. (sc. castra)*	Winterlager
nix, nivis *f.*	Schnee
mīlitia, -ae *f.*	Kriegsdienst
quiēs, -ētis *f.*	Ruhe, Erholung
siccus, -a, -um	trocken, durstig
inclūdere, inclūdō, inclūsī, inclūsum	einschließen
fovēre, foveō, fōvī, fōtum	wärmen, hegen, begünstigen
dēsidia, -ae *f.*	Müßiggang
perīculōsus, -a, -um	gefährlich, riskant
meritō *Adv.*	mit Recht, aus gutem Grund
persevērāre, persevērō, persevērāvī, persevērātum	beharren auf/bei, fortfahren
paupertās, -ātis *f.*	Armut
ambitiō, -ōnis *f.*	Amtsbewerbung, Ehrgeiz

Analyse und Interpretation

1 Erklären Sie, warum Seneca vor den Verlockungen der Laster warnt.

2 Erläutern Sie das von Seneca hier präsentierte Konzept von *Freiheit* und nehmen Sie Stellung dazu.

Das Schicksal herausfordern

3.2.8 Der Kampf des Weisen mit dem Schicksal

Als Boëthius über sein hohes Alter, seine Krankheit und sein schlimmes Schicksal zu klagen beginnt, erscheint ihm eine Frau, die trotz ihres hohen Alters voller Jugendkraft zu sein scheint, bald von der Größe gewöhnlicher Menschen ist, bald in den Himmel hineinragt – die personifizierte Philosophie. Sie will dem Kranken Trost und Heilung bieten.
Im Laufe ihres Gespräches versucht die Philosophie, Boëthius auch davon zu überzeugen, dass jedes Schicksal gut sei. Beide stellen dabei fest, dass nur für diejenigen, die die Tugend besitzen oder nach ihr streben, jedes Schicksal gut ist, für diejenigen aber, die im Bösen verharren, jedes Schicksal schlecht ist. Daraus zieht die Philosophie Konsequenzen für den Umgang des Weisen mit dem Schicksal:

Boëthius, Consolatio philosophiae IV, p. 7, 17–22

Quare, inquit, ita vir sapiens moleste[1] ferre non debet, quotiens in[2] fortunae certamen adducitur, ut virum fortem non decet indignari, quotiens increpuit bellicus tumultus. Utrique[3] enim, huic quidem gloriae propagandae, illi vero conformandae sapientiae, difficultas ipsa materia est. Ex quo etiam virtus vocatur, quod virtus suis viribus nitens non superetur adversis. Neque enim vos in provectu positi virtutis diffluere deliciis et emarcescere voluptate venistis; proelium[4] cum omni fortuna nimis acre conseritis, ne vos aut tristis opprimat aut iucunda corrumpat; firmis medium viribus occupate. Quicquid aut infra subsistit aut ultra progreditur, habet contemptum felicitatis, non habet praemium laboris. In vestra enim situm manu, qualem vobis fortunam formare malitis. Omnis enim, quae videtur aspera, nisi aut exercet aut corrigit, punit.

propāgāre erweitern, ausdehnen
cōnfōrmāre ausbilden, schulen
provectus, -ūs *m.* Förderung; Vorrücken
diffluere zerfließen
ēmarcēscere welk werden; dahinschwinden
ācer, ācris, ācre scharf; leidenschaftlich; heftig
īnfrā *Adv.* unterhalb
subsistere, subsistō stehen bleiben; aufhören
contemptus, -ūs *m.* Geringschätzung, Verachtung
fōrmāre *hier:* gestalten

1 molestē ferre: bedauern – **2** in fortūnae certāmen addūcī: zum Kampf mit dem Schicksal veranlasst werden – **3** utrīque: Dat. v. uterque – **4** proelium cum omnī fortūnā nimis ācre = proelium nimis ācre cum omnī fortūnā

LERNWORTSCHATZ

Virtuelle Vokabelkartei

molestus, -a, -um	beschwerlich
certāmen, -inis *n.*	Wettkampf; Kampf, Streit
decet, decuit	es steht wohl an, es schickt sich
indīgnārī, indīgnor, indīgnātus sum	entrüstet sein
increpāre, increpō, increpuī, increpitum	lärmen; schelten, tadeln
bellicus, -a, -um	Kriegs-, kriegerisch
difficultās, -ātis *f.*	Schwierigkeit
dēliciae, -ārum *f. Pl.*	Vergnügen, Reiz
cōnserere, cōnserō, cōnseruī, consertum	zusammenfügen, verbinden
fīrmus, -a, -um	stark, sicher, zuverlässig
corrigere, corrigō, corrēxī, corrēctum	berichtigen, verbessern
pūnīre, pūniō, pūnīvī, pūnītum	bestrafen

Analyse und Interpretation

1. Fassen Sie die Argumentation des Textes zusammen und geben Sie die Hauptthese der Philosophie zum Umgang mit dem Schicksal mit eigenen Worten wieder.
2. Diskutieren Sie diese These im Kurs.

Alter und Krankheit

3.3 Krankheit und Tod

3.3.1 Zum Einstieg

1 Definieren Sie *Tod.*
2 Erörtern Sie die Konsequenzen, die das Wissen um den Tod für die Menschen hat.
3 Diskutieren Sie, ob bzw. wie man sich auf den Tod vorbereiten kann.

Sarkophag

3.3.2 Sterben lernen

Cicero erklärt, warum für den Weisen der Tod kein Übel ist. Wenn dieser schließlich dem Tod gegenübertritt, sollte er heiter aus dem Leben scheiden. Wie man eine solche Einstellung zum Tod entwickeln kann, erläutert Cicero anschaulich.

Inhaltliche und sprachliche Vorentlastung

1 Stellen Sie Vermutungen an, wie man die Angst vor dem Tod besiegen kann.
2 Analysieren Sie *Nam quid … a corpore abducimus?* (Z. 2–7) syntaktisch.

Cicero, Tusculanae disputationes I, 75

Tota enim philosophorum vita, ut ait idem, commentatio mortis est. Nam quid aliud agimus, cum a voluptate, id est a corpore, cum a re familiari, quae est ministra et famula corporis, cum a re publica, cum a negotio omni sevocamus animum, quid, inquam, tum agimus, nisi animum ad se ipsum advocamus, secum esse cogimus maximeque a corpore abducimus? Secernere autem a corpore animum, nec quicquam aliud, est mori discere. Quare hoc commentemur, mihi crede, disiungamusque nos a corporibus, id est consuescamus mori. Hoc, et dum erimus in terris, erit illi caelesti vitae simile, et cum illuc ex his vinclis emissi feremur, minus tardabitur cursus animorum. Nam qui in compedibus corporis semper fuerunt, etiam cum soluti sunt, tardius ingrediuntur, ut ii, qui ferro vincti multos annos fuerunt. Quo cum venerimus, tum denique vivemus. Nam haec quidem vita mors est, quam lamentari possem, si liberet.

commentātio, -ōnis *f. hier:* Vorbereitung, Vorübung

sēvocāre, sēvocō wegrufen; ablenken, trennen

advocāre, advocō herbeirufen

commentārī, commentor *hier:* überdenken, überlegen

compēs, -pedis *f.* Fessel

lāmentārī bejammern

LERNWORTSCHATZ

Virtuelle Vokabelkartei

philosophus, -ī *m.*	Philosoph
minister, -trī *m.* **/ ministra, -ae** *f.*	Diener/Dienerin
famulus, -ī *m.* **/ famula, -ae** *f.*	Sklave, Diener / Sklavin, Dienerin
sēcernere, sēcernō, sēcrēvī, sēcrētum	absondern, trennen
disiungere, disiungō, disiūnxī, disiūnctum	abspannen, trennen; unterscheiden
caelestis, -e	himmlisch; *Subst:* Himmelskörper
tardāre, tardō, tardāvī, tardātum	verzögern, hemmen, zaudern
tardus, -a, -um	langsam
vincīre, vinciō, vīnxī, vīnctum	fesseln

Analyse und Interpretation

3 Fassen Sie Ciceros Argumentation mit eigenen Worten zusammen und nehmen Sie Stellung dazu.

4 Diskutieren Sie, wie man sich *vom Körper lösen* kann.

5 Stellen Sie Vermutungen an, was Cicero mit dem *cursus animorum* (Z. 12) meint.

.3.3 Wen geht der Tod etwas an?

Cicero fährt fort zu erklären, warum man den Tod nicht fürchten müsse. Nachdem er einige anschauliche Beispiele dafür gegeben hat, fasst er seine Argumentation folgendermaßen zusammen:

Cicero, Tusculanae disputationes I, 91

Itaque non deterret sapientem mors, quae propter incertos casus cottidie imminet, propter brevitatem vitae numquam potest longe abesse, quo minus in omne tempus rei publicae suisque consulat, cum posteritatem ipsam, cuius sensum habiturus[1] non sit, ad se putet pertinere. Quare licet etiam mortalem esse animum iudicantem aeterna moliri, non gloriae cupiditate, quam sensurus[2] non sis, sed virtutis, quam necessario gloria, etiamsi tu id non agas, consequatur. Natura[3] vero si se sic habet, ut, quo modo initium nobis rerum omnium ortus noster adferat[4], sic exitum mors, ut nihil pertinuit ad nos ante ortum, sic nihil post mortem pertinebit. In quo quid potest esse mali, cum mors nec ad vivos pertineat nec ad mortuos? Alteri nulli sunt, alteros non attinget.

brevitās, -ātis *f.* Kürze

posteritās, -ātis *f.* *hier:* Nachwelt

necessāriō *Adv.* notgedrungen

1 habitūrus, -a, -um: Part. Fut. Akt. v. habēre – **2** sēnsūrus, -a, -um: Part. Fut. Akt. v. sentīre – **3** Nātūra vērō sī sē sīc habet = Sī vērō nātūra sīc sē habet – **4** adferre = afferre

LERNWORTSCHATZ Virtuelle Vokabelkartei

dēterrēre, dēterreō, dēterruī, dēterritum	abschrecken, abwehren
cottīdiē *Adv.*	täglich
imminēre, immineō, imminuī, imminutum	hereinragen über, drohen
etiamsī	auch wenn
exitus, -ūs *m.*	Ausgang, Ergebnis

Analyse und Interpretation

1 Diskutieren Sie Ciceros These, dass man sich trotz seiner eigenen Sterblichkeit dennoch um *aeterna* Gedanken machen könne.

2 Erläutern Sie Ciceros Argumentation, dass der Tod weder die Lebenden noch die Toten etwas angehe.

3.3.4 Gelassenheit in Krankheit und Tod

Seneca schildert seine Haltung gegenüber Krankheit und Tod.

Seneca, Epistulae morales ad Lucilium 54

Longum mihi commeatum dederat mala valetudo; repente me invasit. „Quo genere?" inquis. Prorsus merito interrogas; adeo nullum mihi ignotum est. Uni tamen morbo quasi adsignatus sum, quem quare Graeco nomine appellem nescio; satis enim apte dici suspirium potest. Brevis autem valde et procellae similis est impetus; intra horam fere desinit. Quis enim diu exspirat? (1)

adsīgnāre, -sīgnō, -sīgnāvī, -sīgnātum zuweisen, zuteilen
Graecus, -a, -um griechisch
suspīrium, -iī *n. hier:* schweres Atmen; Asthma
procella, -ae *f. hier:* Sturm, Unwetter
exspīrāre, exspīrō *hier übertragen:* (die Seele) aushauchen, sterben

Omnia corporis aut incommoda aut pericula per me transierunt, nullum mihi videtur molestius. Quidni? Aliud enim quicquid est, aegrotare est, hoc animam egerere. Itaque medici hanc „meditationem[1] mortis" vocant: facit enim aliquando spiritus ille, quod saepe conatus est. (2)

quidnī? *Adv.* warum nicht?
meditātiō, -ōnis *f. hier:* (Vor-) Übung, Vorbereitung

Hilarem me putas haec tibi scribere, quia effugi? Tam ridicule facio, si hoc fine quasi bona valetudine delector[2], quam ille, quisquis vicisse se putat, cum vadimonium distulit. Ego vero et in ipsa suffocatione non desii cogitationibus laetis ac fortibus adquiescere. (3)

hilaris, -e heiter, fröhlich
rīdiculus, -a, -um *hier:* lächerlich
vadimōnium, -iī *n.* Verhandlungstermin
suffōcātio, -ōnis *f.* Atemnot
adquiēscere zur Ruhe kommen, sich beruhigen

„Quid hoc est?" inquam, „Tam saepe mors experitur me? Faciat: ego illam diu expertus sum." „Quando?" inquis.

Antequam vel nascerer. Mors est non esse. Id[3] quale sit, iam scio: hoc erit post me, quod ante me fuit. Si quid in hac re tormenti est, necesse est et fuisse, antequam prodiremus in lucem; atqui nullam sensimus tunc vexationem. (4)

atquī aber doch; und doch
vexātiō, -ōnis *f. hier:* Strapaze; Qual
lucerna, -ae *f.* Öllampe, Leuchte

Rogo, non stultissimum dicas, si quis existimet lucernae peius esse, cum extincta[4] est, quam antequam accenditur? Nos quoque et extinguimur[5] et accendimur; medio illo tempore aliquid patimur, utrimque vero alta securitas est. In hoc enim, mi Lucili[6], nisi fallor[7], erramus, quod mortem iudicamus sequi, cum illa et praecesserit et secutura[8] sit. Quicquid ante nos fuit, mors est: quid enim refert, non incipias an desinas, cum utriusque[9] rei hic sit effectus, non esse? (5)

sēcūritās, -ātis *f. hier:* Sorgenfreiheit , Sicherheit

praecēdere, -cēdō, -cessī, -cessum vorangehen, fortschreiten

[...]

Hoc tibi de me recipe: non trepidabo ad extrema, iam praeparatus sum, nihil cogito de die toto. Illum tu lauda et imitare[10], quem non piget mori, cum iuvet vivere. Quae est enim virtus, cum eiciaris, exire? Tamen est et hic virtus: eicior quidem, sed tamquam exeam. Et ideo numquam eicitur sapiens, quia eici est inde expelli, unde invitus recedas: nihil invitus facit sapiens. Necessitatem effugit, quia vult, quod coactura[11] est. [...] (7)

praeparāre, -parō, -parāvī, -parātum vorbereiten, rüsten, instandsetzen
piget es verdrießt, tut Leid

---

1 meditātiō mortis: mortis = gen. obi. – **2** delectārī: (mediales Passiv) ‚sich erfreuen an etw.', ‚seine Freude haben an etw.' – **3** id quāle sit = quāle id sit – **4** extīnctus = exstīnctus – **5** extinguimur = exstinguimur – **6** Lucīlī: Vok. v. Lucīlius – **7** fallī: (mediales Passiv) ‚sich täuschen' – **8** secutūrus, -a, -um: Part. Fut. Akt. v. sequī – **9** utriusque rei: Genetiv v. uterque res – **10** imitāre: Imperat. Sg. v. imitārī – **11** coactūrus, -a, -um: Part. Fut. Akt. v. cōgere

LERNWORTSCHATZ

Virtuelle Vokabelkartei

commeātus, -ūs *m.*	Verkehr, Einfuhr, Proviant; Urlaub
valētūdō, -inis *f.*	Gesundheit (Gesundheitszustand)
invādere, invādō, invāsī, invāsum	losgehen, eindringen; angreifen
aptus, -a, -um	passend, geeignet
incommodum, -ī *n.*	Nachteil, Niederlage
aegrōtāre, aegrōtō, aegrōtāvī	krank sein
medicus, -ī *m.*	Arzt
antequam	bevor
tormentum, -ī *n.*	Winde, Wurfgeschütz, Folter
peior, -ius	schlechter
utrimque *Adv.*	auf beiden Seiten
trepidāre, trepidō, trepidāvī, trepidātum	ängstlich/unschlüssig sein
recēdere, recēdō, recessī, recessum	zurückweichen, entschwinden

Analyse und Interpretation

1 Erklären Sie die Bezeichnung *meditātiō mortis* für Senecas Leiden (Z. 11).
2 Beschreiben Sie, wie Seneca mit seinem Leiden umgeht.
3 Charakterisieren Sie Senecas Haltung gegenüber dem Tod.

Das Licht ist erloschen

3.3.5 Der Tod – (k)ein Übel?

Seneca empfiehlt Lucilius, sich mit der Philosophie zu beschäftigen, welche die Seele wie eine Mauer zu umgeben und zu schützen vermag. Selbst im Angesicht des Todes vermag die Philosophie zu helfen, wenn sie ernsthaft betrieben wird und nicht nur Spitzfindigkeiten gebraucht.

Seneca, Epistulae morales ad Lucilium 82, 8–11

Faciet autem illud[1] firmum adsidua meditatio, si non verba exercueris, sed animum, si contra mortem te praeparaveris, adversus quam non exhortabitur nec adtollet, qui cavillationibus tibi persuadere temptaverit mortem malum non esse. Libet enim, Lucili[2], virorum optime[3], ridere ineptias Graecas, quas nondum, quamvis mirer, excussi. (8)

adsiduus, -a, -um beharrlich, fleißig; unablässig
meditātiō, -ōnis *f.* *hier:* Nachdenken, Philosophieren
praeparāre, -parō, -parāvī, -parātum vorbereiten, rüsten
adversus *mit Akk.* gegen
exhortārī, exhortor ermuntern, anfeuern
adtollere, adtollō *hier:* ermuntern, ermutigen
cavillātiō, -ōnis *f.* *hier:* Spitzfindigkeit
ineptiae, -arum *f. Pl.* Torheiten, Albernheiten
Graecus, -a, -um griechisch
excutere, -cutiō, -cussī *hier:* abwerfen, fallenlassen

Zenon[4] noster hac conlectione utitur: „Nullum malum gloriosum est. Mors autem gloriosa est. Mors ergo non est malum." [...] Non mehercules facile tibi dixerim, utrum ineptior fuerit, qui se hac interrogatione iudicavit mortis metum extinguere, an qui hoc, tamquam ad rem pertineret, conatus est solvere. (9)

conlēctiō, -ōnis *f.* *hier:* Zusammenfassung
glōriōsus, -a, -um ruhmvoll
meherculēs Beim Hercules! Wahrhaftig! Fürwahr!
ineptus, -a, -um *hier:* töricht
interrogātiō, -ōnis *f.* *hier:* Schlussfolgerung; Syllogismus

Nam et ipse interrogationem contrariam opposuit ex eo natam, quod mortem inter indifferentia[5] ponimus, quae *adiáphora*[6] Graeci vocant. „Nihil", inquit, „ indifferens gloriosus est. Mors autem gloriosus est. Ergo mors non est indifferens." Haec interrogatio vides, ubi obrepat: Mors non, est gloriosa, sed fortiter mori gloriosum est. Et cum dicis: „Indifferens nihil gloriosum est", concedo tibi ita, ut dicam nihil gloriosum esse nisi circa indifferentia: tamquam indifferentia esse dico, id est nec mala nec bona, morbum, dolorem, paupertatem, exilium, mortem. (10)

indifferēns, -entis gleichgültig
obrēpere, obrēpō *hier:* sich einschleichen

Nihil horum per[7] se gloriosum est, nihil tamen sine his. Laudatur enim non paupertas, sed ille, quem paupertas non summittit nec incurvat. Laudatur non exilium, sed ille, qui fortiore vultu in exilium iit, quam misisset. Laudatur non dolor, sed ille, quem nihil coegit dolor. Nemo mortem laudat, sed eum, cuius mors ante abstulit animum, quam conturbavit. (11)

summittere, -mittō *hier:* beugen, unterwerfen
incurvāre, incurvō *hier:* krümmen
conturbāre, -turbō, -turbāvī in Verwirrung stürzen; (zer-)stören

---

1 illud (sc. pectus) – **2** Lucīlī: Vok. v. Lucīlius, -ī m. – **3** optime: Vok. v. optimus, -a, -um – **4** Zēnōn noster: Zēnōn von Kition war der Begründer der Stoa, deshalb nennt ihn der Stoiker Seneca ‚unser Zenon'. – **5** indifferentia, -ium *n. Pl.* (Fachbegriff der Stoa) Dinge von mittlerem Wert, weder Gut noch Übel – **6** adiaphora, orum *n. Pl. v. griech.* ἀδιάφορος ‚gleichgültig', ‚weder gut noch böse' = indifferentia – **7** per sē: für sich, allein

LERNWORTSCHATZ

Virtuelle Vokabelkartei

utrum ... an ...	*Doppelfrage:* ob … oder …
ex(s)tinguere, ex(s)tinguō, es(s)tīnxī, es(s)tīnctum	auslöschen, vertilgen
contrārius, -a, -um	gegenüberliegend, dem Feinde zugekehrt
circā	um … herum

Analyse und Interpretation

1 Analysieren Sie Zenons Schlussfolgerung *Nullum malum … non est malum* (Z. 9 – 11) und nehmen Sie dazu Stellung.

2 Diskutieren Sie, inwiefern die Philosophie die Seele zu festigen vermag.

3.3.6 Selbstmord

Seneca erörtert die Frage, ob und unter welchen Umständen es angemessen sei, seinem Leben vorzeitig ein Ende zu setzen.

Inhaltliche Vorentlastung

1 Erörtern Sie, ob und unter welchen Umständen man Selbstmord rechtfertigen kann.

Seneca, Epistulae morales ad Lucilium 58, 32 – 36

[...] Iucundum est secum esse quam diutissime[1], cum quis se dignum, quo frueretur, effecit; itaque de isto feremus sententiam, an oporteat fastidire senectutis extrema et finem non opperiri, sed manu facere. Prope est a timente, qui fatum segnis exspectat, sicut ille ultra modum deditus[2] vino est, qui amphoram exsiccat et faecem quoque exsorbet. (32)

fastīdīre Ekel empfinden, verschmähen
opperīrī abwarten; (er-)warten
ultrā *mit Akk.* über … hinaus; mehr als …
dēditus, -a, -um *mit Dat.* bedacht sein auf etw.; mit etw. eifrig beschäftigt sein
amphora, -ae *f.* Amphore, Krug
exsiccāre, exsiccō *hier:* leeren
faex, faecis *f.* *hier:* Bodensatz
exsorbēre, -sorbeō ausschlürfen

De hoc tamen quaeremus, pars summa vitae utrum faex sit an liquidissimum ac purissimum quiddam, si modo mens sine iniuria est et integri sensus animum iuvant nec defectum et praemortuum corpus est; plurimum enim refert, vitam aliquis extendat an mortem. (33)

At si inutile ministeriis corpus est, quidni oporteat educere animum laborantem? Et fortasse paulo ante quam debet, faciendum est, ne, cum fieri debebit, facere non possis: et cum maius periculum sit male vivendi quam cito moriendi, stultus est, qui non exigua temporis mercede magnae rei aleam[3] redimit. Paucos longissima senectus ad mortem sine iniuria pertulit, multis iners vita sine usu sui iacuit; quando deinde crudelius iudicas aliquid ex vita perdidisse quam ius finiendae? (34)

Noli me invitus audire, tamquam ad te iam pertineat ista sententia, et quid dicam, aestima: non relinquam senectutem, si me totum mihi reservabit, totum autem ab illa parte meliore; at si coeperit concutere mentem, si partes eius convellere, si mihi non vitam reliquerit, sed animam, prosiliam ex aedificio putri ac ruenti. (35)

Morbum morte non fugiam, dumtaxat sanabilem nec officientem animo. Non afferam mihi manus propter dolorem: sic mori vinci est. Hunc tamen si sciero perpetuo mihi esse patiendum, exibo, non propter ipsum, sed quia impedimento mihi futurus est ad omne, propter quod vivitur. Inbecillus est et ignavus, qui propter dolorem moritur, stultus, qui doloris causa vivit. (36)

liquidus, -a, -um flüssig, fließend
praemorī, -morior, -mortuum vorzeitig sterben
extendere, extendō *hier:* ausdehnen; verlängern
quidnī? *Adv.* warum nicht?
cito *Adv.* schnell, rasch
ālea, -ae *f.* Würfel; *hier übertr.:* Gefahr, Risiko
convellere zerreißen; erschüttern
prōsilīre, prōsiliō hervorspringen, hervorstürzen
puter, -tris, -tre *hier:* verfallen
dumtaxat *Adv.* wenn auch nur, wenigstens; selbstverständlich
sānābilis, -e heilbar
officere, officiō *mit Dat. hier:* etw. beeinträchtigen, schädigen
inbēcillus, -a, -um *hier:* schwach; ohnmächtig, feige

1 diutissimē: Superlativ v. diu – **2** vīnō dēditus esse: dem Wein frönen – **3** āleam redimere: eine Gefahr abwenden

LERNWORTSCHATZ

Virtuelle Vokabelkartei

fruī, fruor, frūctus sum *mit Abl.*	genießen
sēgnis, -e	langsam, lässig
pūrus, -a, -um	rein
integer, -gra, -grum	unberührt, unversehrt
inūtilis, -e	unbrauchbar, schädlich
ministerium, -iī *n.*	Dienst, Dienerschaft

exiguus, -a, -um	klein, gering, unbedeutend
redimere, redimō, redēmī, redemptum	loskaufen, pachten, wiedergutmachen
fīnīre, fīniō, fīnīvī, fīnītum	begrenzen, beendigen, abschließen
reservāre, reservō, reservāvī, reservātum	erhalten, aufbewahren
concutere, concutiō, concussī, concussum	schütteln, erschüttern, zusammenschlagen
impedīmentum, -ī *n.*	Hindernis
īgnāvus, -a, -um	träge, feige

Analyse und Interpretation

1 Fassen Sie Senecas Argumentation zusammen und formulieren Sie seine Position zum Selbstmord in Form einer These.

2 Bewerten Sie Senecas Position zum Selbstmord.

Kein Ausweg?

.3.7 Nichts ist von Dauer

Horaz zeigt, dass nichts auf der Welt Bestand hat.

Horaz, Carmen IV, 7

Diffugere[1] nives, redeunt iam gramina campis
arboribusque comae;
mutat[2] terra vices et decrescentia[3] ripas
flumina praetereunt.

Gratia[4] cum Nymphis[5] geminisque sororibus audet
ducere nuda choros.
Immortalia ne speres, monet annus et almum,
quae rapit hora diem.

Frigora mitescunt Zephyris, ver proterit aestas
interitura[6], simul
pomifer autumnus fruges effuderit; et mox
bruma recurrit iners.

Damna[7] tamen celeres[8] reparant caelestia lunae.
Nos[9] ubi decidimus,
quo[10] pius Aeneas[11], quo Tullus[12] dives et Ancus[13],
pulvis et umbra sumus.

grāmen, -minis *n.* Gras, Pflanze, Kraut
coma, -ae *f. hier:* Laub, Blätter; Blüten
dēcrēscere zurückgehen

Nympha, -ae *f.* Nymphe
chorus, -ī *m.* Chortanz, Reigen
almus, -a, -um *hier:* segenspendend, hold

mītēscere, mītēscō mild werden; nachlassen
Zephyrus, -ī *m.* Westwind
prōterere, prōterō niedertreten, zertreten
pōmifer, -fera, -ferum Obst tragend
effundere, effundō, effūdī ausgießen, ausströmen lassen
brūma, -ae *f.* Wintersonnenwende; Winter
recurrere, recurrō, recurrī zurückkehren, wiederkehren
damnum, -ī *n.* der Verlust; das Verlorene
reparāre, reparō wiedererwerben; wiederherstellen
luna, -ae *f.* Mond; Monat
dēcidere, dēcidō, dēcidī *hier:* in etwas hineingeraten; fallen; sterben

Quis scit an adiciant hodiernae crastina summa
tempora di[14] superi[15]?
Cuncta manus avidas fugient heredis, amico
quae dederis animo.

Cum semel occideris et de te splendida Minos[16]
fecerit arbitria,
non, Torquate[17], genus, non te faciundia[18], non te
restituet pietas.
[...]

hodiernus, -a, -um heutig, gegenwärtig
crāstinus, -a, -um morgig

Versmaß: In jeder Strophe wird die zweite archilochische Strophe (ein daktylischer Hexameter und ein Hemiepes) zweimal wiederholt: —⏕—⏕—⏕—⏕—⏑⏑—⏓‖ —⏑⏑—⏑⏑⏓‖—⏕—⏕—⏕—⏕—⏑⏑—⏓‖ —⏑⏑—⏑⏑⏓‖ – **1** diffugēre = 3. Pl. Perf. Ind. Akt. v. diffugere, diffugiō, diffūgī: auseinanderfließen, sich zerstreuen, verschwinden – **2** mūtat terra vīcēs: ‚die Erde verändert ihr Aussehen' – **3** dēcrēscentia flūmina: gemeint ist das Sinken des Wasserpegels – **4** grātia, -ae *f.*: hier personifiziert – **5** Nympha, -ae *f.*: Nymphe; weibliche Naturgeister in Menschengestalt – **6** interiturus, -a, -um: Part. Fut. Akt. v. interīre – **7** damna ... caelestia: Hyperbaton – **8** celerēs reparant lūnae = celeriter reparant lūnae – **9** nōs ubi dēcidimus = ubi nōs dēcidimus – **10** quō = quō est bzw. quō dēcidit *Perf.* – **11** Aenēās, -ae *m.*: *griech.* Aineias; der Sage nach ein Trojaner, der nach dem Fall Trojas mit seinem Vater, seinem Sohn und einigen Gefährten flieht und nach gefährlichen Irrfahrten schließlich nach Latium kommt; über seine Nachfahren Romulus und Remus indirekt Stammvater Roms – **12** Tullus, -ī *m.*: Tullus Hostīlius, der Sage nach der dritte König Roms – **13** Ancus, -ī *m.*: Ancus Marcius, der Sage nach der vierte König Roms – **14** dī = deī – **15** dī superī: ‚die himmlischen Götter' – **16** Mīnōs, -ōis *m.*: der Sage nach Sohn des Zeus und der Europa; Richter in der Unterwelt – **17** Torquātus, -ī *m.*: T. Mānlius Torquātus (3. Jh. v. Chr.); röm. Feldherr – **18** faciundus, a, um = faciendus, -a, -um

LERNWORTSCHATZ

Virtuelle Vokabelkartei

geminus, -a, -um	doppelt; *Subst.:* Zwilling
frīgus, -oris *n.*	Kälte
vēr, vēris *n.*	Frühling
interīre, intereō, interiī, interitum	untergehen
autumnus, -ī *m.*	Herbst
frūgēs, -um *f. Pl.*	(Feld-) Früchte; Nutzen
pulvis, -eris *m.*	Staub
avidus, -a, -um	gierig
hērēs, -ēdis *m./f.*	Erbe, Erbin
splendidus, -a, -um	glänzend, angesehen
pietās, -ātis *f.*	Pflichtgefühl, Frömmigkeit

Analyse und Interpretation

1. Erklären Sie die Bedeutung von *damna tamen celeres reparant caelestia lunae* (Z. 13).
2. Fassen Sie die Argumentation des Horaz mit eigenen Worten zusammen.

Vergänglichkeit

3.4 Angst und Leid

3.4.1 Heilung vom Kummer

Cicero diskutiert im 3. Buch der *Tusculanae disputationes* die Frage, ob der Weise von Kummer und Leidenschaften betroffen sei.
Während sich viele jedoch mit ganz speziellen Problemen und Unglücksfällen, wie z. B. Verbannung, Sklaverei und Krankheit, detailliert auseinandersetzen, stellt Cicero die These auf, dass man durch die Bekämpfung des Kummers im Allgemeinen auch alle konkreten Sorgen besiege.

Inhaltliche Vorentlastung

1 Nennen Sie Dinge, die Ihnen Kummer und Sorgen bereiten können, und diskutieren Sie, wie man sich davon frei machen kann.

Cicero, Tusculanae disputationes III, 82–83

Et tamen, ut medici toto[1] corpore curando minimae[2] etiam parti, si condoluit, medentur, sic philosophia cum universam aegritudinem sustulit. Sustulit etiam, si quis[3] error alicunde extitit, si paupertas momordit, si ignominia pupugit, si quid tenebrarum obfudit exsilium[4], aut eorum, quae modo dixi, si quid extitit; etsi singularum rerum sunt propriae consolationes, de quibus audis tu quidem, cum voles. Sed ad eundem fontem revertendum est, aegritudinem omnem procul abesse a sapiente, quod inanis sit, quod frustra suscipiatur, quod non natura exoriatur, sed iudicio, sed opinione, sed quadam invitatione ad dolendum, cum id decreverimus ita fieri oportere[5]. (82)

alicunde *Adv.* irgendwoher
mordēre, mordeō, momordī *hier:* schmerzen, kränken
pungere, pungō, pupugī *hier:* verletzen, quälen
obfundere, -fundō, -fūdī *hier:* ausbreiten
cōnsōlātiō, -ōnis *f.* Tröstung, Trost
exorīrī, exorior *hier:* auftreten
invītātiō, -ōnis *f.* Einladung

Hoc[6] detracto, quod totum est voluntarium, aegritudo erit sublata illa maerens, morsus tamen et contractiuncula quaedam animi relinquetur. Hanc dicant sane naturalem, dum aegritudinis nomen absit grave, taetrum, funestum, quod cum sapientia esse atque, ut ita dicam, habitare nullo modo possit. At quae stirpes sunt aegritudinis, quam multae, quam amarae! Quae ipso trunco everso omnes eligendae sunt et, si necesse erit, singulis disputationibus. Superest enim nobis hoc, cuicuimodi[7] est, otium. Sed ratio una omnium est aegritudinum, plura nomina. Nam et invidere aegritudinis est et aemulari et obtrectare et misereri et angi, lugere, maerere, aerumna[9] adfici[8], lamentari, sollicitari, dolere, in molestia esse, adflictari, desperare. (83)

voluntārius, -a, -um freiwillig, aus freiem Willen
morsus, -ūs *m.* Biss; Schmerz
contractiuncula, -ae *f.* leichte Beklommenheit
taeter, -tra, -trum *hier:* schändlich
fūnestus, -a, -um *hier:* unheilvoll
amārus, -a, -um bitter
disputātiō, -ōnis *f.* *hier:* Untersuchung
aemulārī *hier:* eifersüchtig sein
obtrectāre entgegenarbeiten, bekämpfen
angī beunruhigt sein
lāmentārī wehklagen
adflīctārī sich ängstigen, bedrückt sein

1 tōtō corpore cūrandō: cūrandō Gerundivum im Abl., bestimmt tōtō copore näher; gleichbedeutend mit: tōtum corpus curandō (Gerundium mit Objekt) – **2** minimae etiam partī = etiam minimae partī – **3** quis error = aliquis error – **4** exsilium, -ī n. = exilium, -ī n. – **5** oportēre = Inf. v. oportet – **6** Hōc dētractō: abl. abs.; hōc wird im folgenden Relativsatz näher erläutert – **7** cuicuimodi = cuiuscuiusmodi: von welcher Art auch immer, wie auch immer beschaffen – **8** adficere = afficere – **9** aerumnā affici: von Trübsal befallen werden

LERNWORTSCHATZ Virtuelle Vokabelkartei

medērī, medeor	heilen, abhelfen
tollere, tollō, sustulī, sublātum	hoch-/aufheben; beseitigen
ex(s)istere, ex(s)istō, ex(s)titī	hervortreten, sich zeigen, entstehen
īgnōminia, -ae *f.*	Schande
proprius, -a, -um	eigen, eigentümlich
frūstrā *Adv.*	vergeblich, umsonst
dētrahere, dētrahō, dētrāxī, dētractum	herabziehen, wegnehmen
maerēre, maereō, maeruī	(be-) trauern
stirps, stirpis *f.*	Stamm, Spross, Ursprung
truncus, -ī *m.*	Baumstamm, Rumpf
ēvertere, ēvertō, ēvertī, ēversum	umkehren, zerstören
ēligere, ēligō, ēlēgī, ēlēctum	auslesen, auswählen
miserērī, misereor, meritus sum	sich erbarmen
lūgēre, lūgeō, lūxī, lūctum	jammern, trauern
aerumna, -ae *f.*	Mühseligkeit, Trübsal
sollicitāre, sollicitō, sollicitāvī, sollicitātum	erregen, reizen, beunruhigen
molestia, -ae *f.*	Unbehagen, Ärger

Analyse und Interpretation

2 Erläutern Sie den Vergleich der Philosophie mit einem Arzt.

3 Diskutieren Sie, wie die Philosophie die *aegritudo* und ihre verschiedenen Ausprägungen heilen kann.

4 Klären Sie die Bedeutungsbandbreite und Herkunft des Wortes *aegritudo* mit Hilfe eines Wörterbuches und bewerten Sie die Eignung dieses Wortes im vorliegenden Kontext.

3.4.2 Hoffnung auf Gott

Augustinus spricht zu Gott:

Augustinus, Confessiones XI, 9

In hoc principio deus, fecisti caelum et terram in verbo tuo, in filio tuo, in virtute tua, in sapientia tua, in veritate tua miro modo dicens et miro modo faciens. Quis conprehenderet[1]? Quis enarrabit? Quid est illud, quod interlucet mihi et percutit cor meum sine laesione? Et inhorresco et inardesco: inhorresco, in quantum dissimilis ei sum, inardesco, in quantum similis ei sum.

ēnarrāre, ēnarrō vollständig erklären
interlūcēre, interlūceō durchscheinen
laesiō, -ōnis *f.* Verletzung
inhorrēscere, inhorrēscō *hier:* erbeben, erzittern
inārdēscere, inārdēscō *hier metaph.:* entbrennen
in quantum *hier:* wie sehr

Sapientia, sapientia ipsa est, quae interlucet mihi, discindens nubilum meum, quod me rursus cooperit deficientem ab ea caligine atque aggere poenarum mearum, quoniam sic infirmatus est in egestate vigor meus, ut non sufferam bonum meum, donec tu, domine, qui propitius factus es omnibus iniquitatibus meis, etiam sanes omnes languores meos, quia et redimes de corruptione vitam meam et coronabis me in miseratione et misericordia et satiabis in bonis desiderium meum, quoniam renovabitur iuventus me sicut aquilae. Spe enim salvi facti sumus et promissa tua per patientiam expectamus[2]. Audiat te intus sermocinantem, qui potest; ego fidenter ex oraculo tuo clamabo: quam magnificata sunt opera tua, domine, omnia in sapientia fecisti! Et illa principium, et in eo principio fecisti caelum et terram.

discindere zerreißen
nūbilum, -ī *n.* Wolke
cooperīre, cooperiō völlig bedecken
calīgō, -inis *f.* Finsternis, Dunkel; Trübsal, Elend

īnfīrmāre, -fīrmō, -fīrmāvī, -fīrmātum schwächen, entkräften
dōnec solange bis; solange als, während
propitius, -a, -um geneigt, gewogen, günstig
inīquitās, -ātis *f.* *hier:* Ungerechtigkeit, Bosheit; Sünde
sānāre, sānō gesund machen, heilen; beruhigen
languor, -ōris *m.* Schlaffheit; Leiden, Not
corruptiō, -ōnis *f.* Verderbtheit; Schaden
corōnāre, corōnō *hier:* umgeben
miserātiō, -ōnis *f.* Erbarmen, Barmherzigkeit
dēsīderium, -iī *n.* Sehnsucht, Verlangen, Wunsch

patientia, -ae *f.* Erdulden, Ausdauer; Geduld

sermōcinārī sich unterhalten, ein Gespräch führen
fīdēns, -entis zuversichtlich; glaubensstark
ōrāculum, -ī *n.* *hier:* Prophezeihung
māgnificāre, māgnificō, māgnificāvī, māgnificātum rühmen, preisen

1 conprehendere = comprehendere – **2** expectāre = exspectāre

LERNWORTSCHATZ

Virtuelle Vokabelkartei

prīncipium, -iī *n.*	Anfang
vēritās, -ātis *f.*	Wahrheit
percutere, percutīo, percussī, percussum	durchbohren, erschüttern
dissimilis, -e	unähnlich
agger, -eris *m.*	Damm, Wall
misericordia, -ae *f.*	Mitleid
satiāre, satiō, satiāvī, satiātum	(über-)sättigen
renovāre, renovō, renovāvī, renovātum	erneuern, erfrischen
aquila, -ae *f.*	Adler; Feldzeichen

Analyse und Interpretation

1 Nennen Sie Gründe für Augustinus' Hoffnung auf Gott.
2 Erläutern Sie, wie Gott – nach Augustinus' Darstellung – den Menschen vom Leid heilt.

Augustinus

Hinweise zu Prosodie und Metrik

Da einige der philosophischen Texte in diesem Band der Dichtung entstammen, finden Sie hier ein paar kurze Hinweise dazu, was sie beim Lesen lateinischer Verse beachten müssen.
Wenn Sie sich allerdings eingehender mit den Regeln der lateinischen Metrik und dem Vortrag lateinischer Dichtung befassen möchten, seien Ihnen folgende kurze und leicht verständliche Einführungen in die Metrik empfohlen:

- Stephan Flaucher, Lateinische Metrik. Eine Einführung. Stuttgart: Reclam 2008.
- Hans-Joachim Glücklich, Compendium zur lateinischen Metrik. Wie lateinische Verse klingen und gelesen werden. Göttingen: Vandenhoeck & Ruprecht 2007.

1. Rhythmus

Während der Rhythmus im deutschen Vers durch die Abfolge betonter und unbetonter Silben zustande kommt, beruht der Rhythmus des lateinischen Verses auf der Abfolge von kurzen und langen Silben.

— = Länge (lange Silbe)
◡ = Kürze (kurze Silbe)
◡◡ = Doppelkürze (zwei kurze Silben)
× = anceps (lang oder kurz = ⏓)

2. Quantitäten der Silben

Eine Silbe ist lang, wenn sie (a) einen langen Vokal (ā, ē, ī, ō, ū) oder einen Diphthong (ae, oe; au, eu) enthält – man spricht von einer „Naturlänge“ -, oder (b) auf einen kurzen Vokal (ă, ĕ, ĭ, ŏ, ŭ) zwei oder mehr Konsonanten (bzw. x oder z) folgen, man spricht dann von einer „Positionslänge“; wenn jedoch auf einen kurzen Vokal *muta cum liquida* (p, t, c, b, d oder g + l oder r) folgt, bleibt die Silbe in der Prosa kurz, im Vers kann sie – je nach Bedarf des Dichters – lang oder kurz gewertet werden.

Im Vers kommen Positionslängen auch über Wortgrenzen hinweg zustande, z. B.:

— ◡ —   ◡ —   ◡ ◡   —   ◡ —   ◡
suscita*t* Musa*m* *n*eque semper arcum
(Horaz, Carmen II, 10 v. 19)

Die letzte Silbe eines Verses kann länger ausgehalten werden, auch wenn sie kurz ist.

Lange Silben sollten auch deutlich länger gesprochen werden, nämlich etwa doppelt so lange wie kurze Silben.

3. Hiat und Hiatvermeidung

Das Aufeinandertreffen zweier Vokale, der so genannte *Hiat*, klang für römische Ohren unschön und wurde deshalb möglichst vermieden.

a) Synaloephe (griech. συναλοιφή – Verschmelzung):

Endet ein Wort auf einen Vokal oder *-m* und beginnt das folgende Wort mit einem Vokal oder *h-*, so verschmelzen die beiden Vokale miteinander.

Bsp.:	vgl. im Dt.:
mare‿et	hab' ich (*statt:* habe ich)
primaque‿ab	mach' ich (*statt:* mache ich)
sive‿hunc	
quantum‿habet	

Dies kann auf zwei verschiedene Weisen realisiert werden. Entweder sind beide Vokale noch zu hören, der auslautende Vokal des ersten Wortes wird jedoch nur kurz angedeutet (eigentliche Synaloephe): *primaque‿ab*, oder der auslautende Vokal wird gänzlich unterdrückt und nur der anlautende Vokal des folgenden Wortes wird ausgesprochen (Elision): *primaqu~~e~~‿ab*

b) Aphaerese (griech. ἀφαίρεσις – Wegnahme):
Wenn das zweite Wort *es* oder *est* (von *esse*) ist, wird der anlautende Vokal nicht gesprochen:

z. B. quantum‿~~e~~st → „quantumst"

4. Metrum, Versmaß, Strophe

a) **Metrum:**
Eine festgelegte Einheit aus Längen und Kürzen nennt man Metrum, z. B.

× — ᴗ —	Iambus
— ᴗᴗ	Daktylus
— —	Spondeus

b) Versmaß:
Wenn mehrere Metren zu einer festen Einheit verbunden werden, spricht man von einem Versmaß. Im vorliegenden Lektüreheft kommen die nachfolgend erklärten Versmaße vor:

<u>Daktylischer Hexameter</u>
Der daktylische Hexameter besteht aus sechs Daktylen (— ᴗᴗ), die auch durch Spondeen (— —) ersetzt werden können:

— ᴗᴗ — ᴗᴗ — ᴗᴗ — ᴗᴗ — ᴗᴗ — — oder genauer — ᴗᴗ — ᴗᴗ — ᴗᴗ — ᴗᴗ — ᴗᴗ — ᴗ

Allerdings kommt im fünften Versfuß nur äußerst selten ein Spondeus vor.

Bsp.: — — — ᴗ ᴗ — ᴗ ᴗ — — — ᴗ ᴗ — —
Diffugere nives, redeunt iam gramina campis
(Horaz, Carmen IV, 7 v. 1)

Iambischer Trimeter

Der iambische Trimeter besteht aus drei aufeinander folgenden iambischen Metren:

× — ⏑ — × — ⏑ — × — ⏑ —

Da alle Kürzen (mit Ausnahme der zweiten Kürze) durch eine Länge oder eine Doppelkürze ersetzt und alle Längen durch eine Doppelkürze ersetzt werden können (mit Ausnahme der letzten, die nur durch eine Kürze ersetzt werden kann), ergibt sich folgendes Schema:

⏕̮ ⏕ ⏑ ⏕ ⏕̮ ⏕ ⏕̮ ⏕ ⏕̮ ⏕ ⏕̮ ⏓

Bsp.: — — ⏑ — — —⏑ — — — ⏑—

Ducunt volentem fata, nolentem trahunt.

(Seneca, Epistulae morales ad Lucilium 117, 11)

Adoneus

Der Adoneus sieht aus wie der Schluss des daktylischen Hexameters.

—⏑⏑ —⏒

Bsp.: — ⏑⏑ — ⏑

porriget hora

(Horaz, Carmen II, 16 v. 32)

Sapphischer Elfsilbler

Der Sapphische Elfsilber besteht, wie der Name verrät, immer aus elf Silben.
Die dritte Länge kann bei manchen Dichtern auch durch eine Kürze ersetzt werden, bei Horaz ist sie jedoch stets lang.

—⏑—⏓ —⏑⏑— ⏑—⏒

Bsp.: — ⏑— —— ⏑⏑ — ⏑ — ⏑

Abstulit clarum cita mors Achillem

(Horaz, Carmen II, 16 v. 29)

Hemiepes

Das Hemiepes besteht aus zweieinhalb Daktylen, wobei die Doppelkürzen *fast* nie durch Längen ersetzt werden:

—⏖—⏖⏒

Bsp.: — ⏑ ⏑ — ⏑ ⏑ —

flumina praetereunt

(Horaz, Carmen IV, 7 v. 4)

aber — ⏑ ⏑ — — —

arboribus comae

(Horaz, Carmen IV, 7 v. 2)

c) Strophe

Werden mehrere Verse zu einer festen Einheit verbunden, so spricht man von einer Strophe. Im vorliegenden Lektüreheft kommen die nachfolgend erklärten Strophen vor:

Zweite archilochische Strophe

Die zweite archilochische Strophe besteht aus einem daktylischen Hexameter und einem Hemiepes:

—⏔—⏔—⏔—⏔—⏑⏑—⏓
—⏑⏑—⏑⏑⏓

Bsp.: — —   — ⏑   ⏑ — — —   — — ⏑⏑ — —
mutat terra vices et decrescentia ripas
—   ⏑⏑   —   ⏑⏑—
flumina praetereunt.
(Horaz, Carmen IV, 7 v. 3 – 4)

Sapphische Strophe

Die sapphische Strophe besteht aus drei sapphischen Elfsilblern und einem Adoneus:

—⏑— —   —⏑⏑—   ⏑—⏓
—⏑— —   —⏑⏑—   ⏑—⏓
—⏑— —   —⏑⏑—   ⏑—⏓
—⏑⏑   —⏓

Bsp.: —⏑—   — —   ⏑   ⏑   —   ⏑ — —
Otium divos rogat in patenti
—   ⏑   — — —   ⏑   ⏑ —⏑   — —
prensus Aegaeo, simul atra nubes
—   ⏑ — — —   ⏑   ⏑ —⏑   — —
condidit lunam neque certa fulgent
—   ⏑⏑   — —
Sidera nautis
(Horaz, Carmen II, 16 vv. 1 – 4)

Eigennamenverzeichnis

Achillēs, -is *m.* (3.2) (*dt.* Achill; *griech.* Achilleus) Sohn des Peleus und der Göttin Thetis; einer der Heerführer und zugleich stärkster und schnellster Kämpfer der Griechen im Kampf gegen Troja

Aenēās, -ae *m.* (3.4) (*griech.* Aineias) griech.-röm. Sagengestalt; Sohn des Trojaners Anchises und der Göttin Aphrodite/Venus; entkam nach der Eroberung Trojas durch die Griechen mit seinem Vater, seinem Sohn und den Penaten (Hausgöttern) und rettete sich und seine Gefährten nach langen Irrfahrten und Kämpfen nach Latium; gilt als Stammvater der Römer

Anaxagorās, -ae *m.* (1.4) (um 500 – 425 v. Chr.) aus Klazomenai, ionischer Naturphilosoph; führte die Naturphilosophie in Athen ein, wurde jedoch seiner astronomischen Theorien wegen der Gottlosigkeit angeklagt und aus Athen verbannt

Ancus, -ī *m.* (3.4) Ancus Marcius, der Sage nach der vierte König Roms

Apollō, -inis *m.* (3.2) griech. Gott der Heilkunst, der Wahrheit, der Dichtung und Musik

Arcesilās, -ae *f.* (2.4) Arkesilāos von Pitanē (ca. 316 – 241 v. Chr.); Begründer der mittleren Akademie, u.a. Schüler des Theophrast

Archēlaus, -ī *m.* (1.4) Archelaos von Athen (ca. 480 – 410 v. Chr.), Naturphilosoph, gilt als Vermittler zwischen der Naturphilosophie der Vorsokratiker und der sokratischen Ethik

Aristotelēs, -is *m.* (1.2; 2.4) (384 – 322 v. Chr.), griech. Philosoph, bedeutendster Schüler der Akademie Platons; Gründer des Peripatos, einer eigenen philosophischen Schule

Chrȳsippus, -ī *m.* (3.2): Chrysippos von Soloi (ca. 281 – 208 v. Chr.), stoischer Philosoph, Schüler des Zenon und Schulhaupt der Stoa nach Kleanthes

Demetrius, -ī *m.* (3.2): (ca. 336 – 283 v. Chr.) Demetrios I., griech. Feldherr, König von Makedonien; trug den Beinamen Poliorcētēs 'der Städtebelagerer'

Epicurus, ī *m.* (2.2; 3.2): (314 – 270 c. Chr.) *griech.* Epikur, aus Samos, Begründer der Schule der Epikureer, ab 307/6 v. Chr. in Athen

Hannibal, -alis *m.* (3.3): (247 – 183 v. Chr.), karthagischer Feldherr, überschritt im 2. Punischen Krieg 218 v. Chr. die Alpen, drang nach Italien ein und bescherte den Römern vernichtende Niederlagen; wurde 202 v. Chr. bei Zama durch P. Scīpiō Āfricānus endgültig besiegt

Isocratēs, -is *m.* (1.2): (436/35 – 338 v. Chr.), attischer Redner

Iūppiter, Iovis *m.* (3.2; 3.3): Gott der Himmelshelle und des Blitzes; entspricht dem griechischen Gott Zeus

Lūcīlius, -ī *m.* (3.2; 3.3; 3.4): Adressat der *Epistulae morales in Lucilium* von Seneca

Mīnōs, -ōis *m.* (3.4): der Sage nach Sohn des Zeus und der Europa; Richter in der Unterwelt

Mūsae, -ārum *f. Pl.* (3.2): Musen; neun Göttinnen des Gesangs, des Wissens und der Erinnerung; sie inspirieren Dichter, Künstler, Musiker und Wissenschaftler

Nymphae, -ārum *f. Pl.* (3.4): Nymphe; weibliche Naturgeister in Menschengestalt

Orestēs, -ae *m.* (2.2) mythische Gestalt; Sohn des Agamemnon und der Klytaimestra; tötete seine Mutter Klytaimestra, die seinen Vater Agamemnon ermordet hatte

Philippus, -ī *m.* (3.2) (*griech.* Philippos) Philipp II. (359 – 336 v. Chr.), makedonischer König, Vater Alexanders des Großen; machte Makedonien durch Eroberungen zur stärksten Macht in Hellas und legte damit die Grundlage für die Eroberungen seines Sohnes Alexander

Platōn, -ōnis *m.* (1.4) (427 – 348/347 v. Chr.) athenischer Philosoph, bedeutendster Schüler des Sōkratēs; Gründer der *Akademie*, einer Philosophenschule

Poliorcētēs, -ae *m.* (3.2) siehe Demetrios

Pȳthagorās, -ae *m.* (1.4) (um 570/560 – ca. 480 v. Chr.) aus Samos, Gründer einer religiös-philosophischen Gemeinschaft in Krotōn in Unteritalien

Sōcratēs, -is *m.* (1.4) (ca. 470 – 399 v. Chr.), athenischer Philosoph

Stilbōn, -ōnis *m.* (3.2) (*eigentlich:* Stilpon) griech. Philosoph aus Megara, Schüler Euklids **Theophrastus, -ī** *m.* (2.4) (371 – 287 v. Chr.) Peripatetiker, Schüler des Aristoteles und ab 322
Leiter der peripatetischen Schule

Thēseus, -eī *m.* (2.2) mythischer Held; besiegte u. a. den Minotaurus auf Kreta; später König von Athen

Tīthonus, -ī *m.* (3.2) mythische Gestalt, erlangte zwar Unsterblichkeit, jedoch ohne ewige Jugend, und so schrumpfte er und wurde schließlich in eine Heuschrecke verwandelt

Torquātus, -ī *m.* (3.4) T. Mānlius Torquātus (3. Jh. v. Chr.); röm. Feldherr

Tullus, -ī *m.* (3.4) Tullus Hostīlius, der Sage nach der dritte König Roms

Zēnōn, -ōnis *m.* (3.4) (ca. 334 – 263 v. Chr.) Zēnōn von Kition, Begründer der Stoa

Weiterführende Literatur

Zur Philosophie im Allgemeinen

Burkard, Franz-Peter / Wiedmann, Franz / Kunzmann, Peter / Weiß, Axel: dtv-Atlas Philosophie. München: dtv [10]2002.
Lückemeyer, Kai / Senk, Simone / Venhoff, Michael: Schülerduden Philosophie. Das Fachlexikon von A – Z. Mannheim: Bibliographisches Institut [3]2009.
Nagel, Thomas: Was bedeutet das alles? Eine ganz kurze Einführung in die Philosophie. Stuttgart: Reclam 2009.
Papineau, David: Philosophie. Eine illustrierte Reise durch das Denken. Darmstadt: Primus 2006.
Paprotny, Thorsten: Philosophieren. Eine Anleitung, über sich und das Leben nachzudenken. Darmstadt: Primus 2005.
Rattner, Josef / Danzer, Gerhard: Philosophie für den Alltag. Darmstadt: WBG 2004.
Weischedel, Wilhelm: Die philosophische Hintertreppe. 34 große Philosophen in Denken und Alltag. München: Nymphenburger [8]2008.

Zur antiken Philosophie

Geyer, Carl-Friedrich: Epikur zur Einführung. Hamburg: Junius [2]2004.
Hossenfelder, Malte: Epikur. München: Beck [3]2006.
Maurach, Gregor: Geschichte der römischen Philosophie. Eine Einführung. Darmstadt: WBG [3] 2006.
Maurach, Gregor: Seneca. Leben und Werk. Darmstadt: WBG [5] 2007.
Maurach, Gregor (Hg.): Seneca als Philosoph. Darmstadt: WBG [2]1987 (Wege der Forschung; Bd. 414).
Ries, Wiebrecht: Die Philosophie der Antike. Darmstadt: WBG 2005 (Basiswissen Philosophie).
Sommer, Andreas Urs: Die Kunst der Seelenruhe. Einladung zum stoischen Denken. München: Beck 2009.
Steenblock, Steenblock: Sokrates & Co. Ein Treffen mit den Denkern der Antike. Darmstadt: Primus 2005.
Taylor, Christopher C. W.: Sokrates. Wiesbaden: Panorama 2004.
Weinkauf, Weinkauf (Hg.): Die Philosophie der Stoa. Ausgewählte Texte. Stuttgart: Reclam 2001.

Lernwortschatz

Hinweise zur Benutzung der *Virtuellen Vokabelkartei*

Die *Virtuelle Vokabelkartei* enthält alle Lernwörter Ihrer Lateinlektüre. Mit ihr können Sie die Vokabeln leicht und effektiv lernen und wiederholen.

Zum Aufbau:
Nach dem Start kommen Sie zur Trainingsauswahl. Sie entspricht dem Inhaltsverzeichnis der Lektüre. So können Sie das Kapitel, dessen Vokabeln Sie lernen wollen, direkt anwählen („Training starten"). Jede Vokabelbox entspricht einem Kapitel. Sie enthält für jede Vokabel ein Vokabelkärtchen. Jedes Kärtchen trägt den Titel und die Nummer des Kapitels oder des Textes, dessen Vokabeln Sie lernen wollen. Auf der Vorderseite steht die Vokabel, die im Text neu vorkommt und zum Lernvokabular gehört. Auf der Rückseite steht die deutsche Übersetzung.
Die *Virtuelle Vokabelkartei* folgt dem bewährten Prinzip: Alle Vokabeln, die Sie leicht behalten können, werden zunächst nicht wiederholt und alle, die Schwierigkeiten machen, immer wieder.

Und so erfolgt die Arbeit mit der *Virtuellen Vokabelkartei*:
Alle neuen Karten sind zunächst in Fach 1. Sie lesen auf der Vorderseite der ersten Karte die lateinische Vokabel. Dann überlegen Sie, wie die Vokabel auf Deutsch heißt. Sie drehen die Karte um und kontrollieren, ob Ihre Antwort richtig war: War sie richtig, wandert die Karte automatisch in das Fach 2. War sie falsch, bleibt die Karte in Fach 1.
Fach 2 können Sie erst dann bearbeiten, wenn hier alle Kärtchen vollzählig angekommen sind, wenn Sie also alle Vokabeln einmal richtig übersetzt haben. Jetzt geht es weiter: Die Kärtchen, die richtig waren, wandern weiter in das Fach 3; die, die falsch waren, gehen zurück in das Fach 1. Fach 3 wird wiederum erst dann bearbeitet, wenn es vollzählig ist. Und so geht es weiter bis zum Fach 5.

Bei jedem Fach gilt:
Bei einer falschen Antwort wandert die Karte in das Fach 1 zurück. So wird sichergestellt, dass Sie auch wirklich alle Vokabeln lernen.
Wenn Sie eine Vokabelbox vollständig gelernt haben, haben Sie die folgenden Möglichkeiten: Sie können die Lernrichtung ändern (also Deutsch → Latein), das Training wiederholen oder in der Trainingsauswahl ein weiteres Training starten.

Die „Trainingsauswahl" gibt eine Reihenfolge vor, in der die angegebenen Vokabeln gelernt werden. Sie können aber eigene Kombiboxen zusammenstellen und selbst Vokabeln ergänzen, die Sie zusätzlich üben wollen.

Wichtig ist, dass Sie mit der *Virtuellen Vokabelkartei* regelmäßig arbeiten. Schon fünf bis zehn Minuten täglich reichen aus.

Der Lernwortschatz in alphabetischer Reihenfolge

Die Zahl hinter der Vokabel gibt an, in welchen Kapiteln diese vorkommt.

A

abhorrēre, abhorreō, abhorruī	zurückschrecken, nicht passen zu (2)
adhortāri, adhortor, adhortātus sum	ermahnen, ermuntern (1)
absolvere, absolvō, absolvī, absolūtum	befreien, freisprechen (3)
abstrahere, abstrahō, abstrāxī, abstractum	fortschleppen, losreißen (3)
adipīscī, adipīscor, adeptus sum	erlangen (2)
administrāre, -ministrō, -ministrāvī, -ministrātum	leiten, besorgen, verwalten (2)
admonēre, admoneō, admonuī, admonitum	mahnen, erinnern (2)
adsentīrī, adsentior, adsēnsus sum	zustimmen *term. techn. der Stoa* (2) = assentiri (s. u.)
adsequi, adsequor, adsecutus sum	einholen, erlangen (1)
aegritūdō, -inis *f.*	Krankheit (3)
aegrōtāre, aegrōtō, aegrōtāvī	krank sein (3)
aevum, -ī *n.*	Zeitalter, Menschenalter, Ewigkeit (3)
agger, -eris *m.*	Damm, Wall (3)
aliquandō	irgendwann, einst (2) (3)
altitūdō, -inis *f.*	Höhe, Tiefe (2)
ambitiō, -ōnis *f.*	Amtsbewerbung, Ehrgeiz (3)
anceps, ancipitis	mehrdeutig, ungewiss (1)
animal, -ālis *n.*	Lebewesen (2) (3)
antea	vorher, früher (1)
antepōnere, -pōnō, -posuī, -positum	vorziehen (1) (2)
antequam	bevor (3)
antīquitās, -ātis *f.*	Altertum; gute alte Sitte (2)
appārēre, appāreō, appāruī	erscheinen, offenkundig sein (3)
aptus, -a, -um	passend, geeignet (3)
aquila, -ae *f.*	Adler, Feldzeichen (3)
arbiter, -trī *m.*	Schiedsrichter, Richter (1)
arbitrium, -iī *n.*	Ermessen, Meinung (3)
argūmentum, -ī *n.*	Beweis; Inhalt (2)
artifex, -ficis *m.*	Künstler, Schöpfer (3)
artificium, -iī	Handwerk, Kunstwerk (1)
aspernāri, aspernor, aspernātus sum	verschmähen, verwerfen (2)
assentīrī, assentior, assēnsī, assēnsum	zustimmen (2)
assūmere, assūmō, assūmpsī, assūmptum	annehmen, in Anspruch nehmen (2)
autumnus, -ī *m.*	Herbst (3)
avidus, -a, -um	gierig (3)

B

blanditia, -ae *f.*	Schmeichelei, Annehmlichkeit (2)
bellicus, -a, -um	Kriegs-, kriegerisch (3)

C

caelestis, -e	himmlisch; *Subst.* Himmelskörper (1) (3)
cautus, -a, -um	vorsichtig (3)
certāmen, -inis *n.*	Wettkampf; Kampf, Streit (2) (3)
circā	um … herum (1) (3)
cīvīlis, -e	bürgerlich, öffentlich (1) (2)
coercēre, coercuī, coercitum	zusammenhalten, zügeln (1)
cōgitātiō, -ōnis *f.*	Nachdenken, Gedanke, Absicht (3)
cōgnātiō, -ōnis *f.*	Blutsverwandtschaft (2)
cōgnitiō, -ōnis *f.*	Bekanntschaft, Erkenntnis, Vorstellung (1) (2)
cōgnōmen, -minis *n.*	Beiname (3)
comitārī, comitor, comitātus sum	begleiten (3)
cōmitās, -ātis *f.*	Freundlichkeit, Umgänglichkeit (2)
commeātus, -ūs *m.*	Verkehr, Einfuhr, Proviant; Urlaub (3)
compellere, compulī, compulsum	zusammen-/hintreiben, bewegen (1) (3)
complexus, -ūs *m.*	Umarmung, Umfassung (2)
compos, compotis *mit Gen.*	einer Sache teilhaftig/mächtig/fähig (2)
comprobāre, -probō, -probāvī, -probātum	für gut befinden; bestätigen, erhärten (2)
conciliāre, conciliō, conciliāvī, conciliātum	sich geneigt machen, (für sich) gewinnen (3)
conclūdere, conclūdō, conclūsī, conclūsum	(ab-)schließen, folgern, beweisen (1) (2)
concutere, concutiō, concussī, concussum	schütteln, erschüttern, zusammenschlagen (3)
confugere, confugiō, confūgī	flüchten (1)
congruere, congruō, congruī	zusammenfallen, übereinstimmen (2)
conquīrere, -quīrō, -quīsīvī, -quīsītum	zusammensuchen (2)
cōnscrībere, -scrībō, -scrīpsī, -scrīptum	verfassen, beschreiben, einschreiben (2)
consecrāre, -secrō, -secrāvī, -secrātum	weihen, zur Gottheit erheben (1)
cōnsēnsus, -ūs *m.*	Übereinstimmung, Verabredung (2)
cōnsentīre, cōnsentiō, cōnsēnsī, cōnsēnsum	übereinstimmen, einer Meinung sein (2)
cōnserere, cōnserō, cōnseruī, consertum	zusammenfügen, verbinden (3)
cōnstantia, -ae *f.*	Standhaftigkeit (2)
cōnsulāris, -e *Adj.*	zu einem Konsul gehörig; *Subst.* gewesener Konsul (3)
contemnere, -temnō, -tempsī, -temptum	verachten (2)
continuus, -a, -um	zusammenhängend, ununterbrochen (1)
contrahere, contrahō, contrāxī, contractum	zusammenziehen, verbinden (3)
contrārius, -a, -um	gegenüberliegend, dem Feinde zugekehrt (3)
cōpiōsus, -a, -um	reichlich (1) (2)
corōna, -ae *f.*	Kranz (1)
corrigere, corrigō, corrēxī, corrēctum	berichtigen, verbessern (1) (3)
cottīdiānus, -a, -um	täglich (3)
cottīdiē *Adv.*	täglich (3)
cupīdō, -inis *f. in der Dichtung m.*	Begierde, Leidenschaft (3)

D

decet, decuit	es steht wohl an, es schickt sich (2) (3)
dēclārāre, dēclārō, dēclārāvī, dēclārātum	verkünden, erklären (2)
decōrus, -a, -um	geziemend, schön (3)
dēliciae, -ārum *f. Pl.*	Vergnügen, Reiz (3)
demere, dempsī, demptum	wegnehmen, (1)

dēsidia, -ae *f.*	Müßiggang (3)
dēsīgnāre, dēsīgno, desīgnāvī, dēsīgnātum	bezeichnen, ernennen (3)
dēsistere, dēsistō, dēstitī	ablassen von, aufhören (2)
dēspicere, dēspiciō, dēspexī, dēspectum	herabsehen, verachten (2) (3)
dēterrēre, dēterreō, dēterruī, dēterritum	abschrecken, abwehren (3)
dētrahere, dētrahō, dētrāxī, dētractum	herabziehen, wegnehmen (2) (3)
difficultās, -ātis *f.*	Schwierigkeit (3)
dīrigere, dīrigō, dīrēxī, dīrēctum	geraderichten, einrichten (1) (2)
discēdere, discēdō, discessī, discessum	auseinandergehen, weggehen (1)
discernere, discernō, discrēvī, discrētum	trennen, unterscheiden (3)
disciplīna, -ae *f.*	Lehre, Zucht (2)
disiungere, disiungō, disiūnxī, disiūnctum	abspannen, trennen; unterscheiden (3)
disponere, disposuī, dispositum	verteilen, ordnen (1)
disputāre, disputō, disputāvī, disputātum	erörtern (1) (2)
dissentīre, dissentiō, dissēnsī, dissēnsum	nicht übereinstimmen (1) (3)
disserere, disserō, disseruī, dissertum	auseinandersetzen, erörtern (1) (2)
dissimilis, -e	unähnlich (3)
distinguere, distinguō, distīnxī, distīnctum	unterscheiden, trennen, genau bezeichnen (3)
distribuere, distribuō, distribuī, distribūtum	verteilen, einteilen (1)
domī *Adv.*	zu Hause (3)
dum modo *mit Konjunktiv*	wenn nur, sofern nur (2)

E

egēre, egeō, eguī *mit Abl./Gen.*	Mangel haben an etw., einer Sache bedürfen (2) (3)
egestās, -ātis *f.*	Armut, Mangel (3)
ēligere, ēligō, ēlēgī, ēlēctum	auslesen, auswählen (2) (3)
eloquentia, -ae *f.*	Beredsamkeit (1)
ērigere, ērigō, ērēxī, ērēctum	aufrichten, errichten (2) (3)
error, -ōris *m.*	Ungewissheit, Irrtum (1) (2) (3)
ērudīre, ērudiō, ērudīvī, ēruditum	unterrichten (1)
etenim	nämlich, und in der Tat (2)
etiamsī	auch wenn (3)
ēvādere, ēvādō, ēvāsī, ēvāsum	herausgehen, entkommen; auf etw. hinauslaufen (3)
ēvertere, ēvertō, ēvertī, ēversum	umkehren, zerstören (3)
excelsus, -a, -um	hochragend, erhaben (3)
exiguus, -a, -um	klein, gering, unbedeutend (2) (3)
exīstimāre, exīstimō, exīstimāvī, exīstimātum	einschätzen, meinen (2)
exitium, -iī n	Verderben, Untergang (3)
exitus, -ūs *m.*	Ausgang, Ergebnis (3)
expedīre, expediō, expedīvī, expedītum	frei-, bereit-, fertigmachen (2)
expedītus, -a, -um	ungehindert, leichtbewaffnet, einsatzbereit (2)
expetere, expetō, expetīvī, expetītum	erstreben, begehren (2) (3)
explicāre, -plicō, -plicāvī/-plicuī, -plicātum	(ausbreiten), ausführen, erörtern (2) (3)
expōnere, expōnō, exposuī, expositum	heraussetzen, auseinandersetzen, darstellen (2)
exquīrere, exquīrō, exquīsītum	aussuchen, untersuchen, verlangen (2)
ex(s)istere, ex(s)istō, ex(s)titī	hervortreten, sich zeigen, entstehen (2) (3)
ex(s)tinguere, -(s)tinguō, -(s)tīnxī, -(s)tīnctum	auslöschen, vertilgen (3)

ex(s)ul, -lis	verbannt (3)
extrēmus, -a, -um	äußerster, letzter (2)

F

faciēs, -ēī *f.*	Gestalt, Gesicht (3)
famulus, -ī *m.* / **famula, -ae** *f.*	Sklave, Diener / Sklavin, Dienerin (3)
fastidīum, -iī *n.*	Überdruss, Verwöhntheit, Hochmut (3)
fēlīcitās, -ātis *f.*	Fruchtbarkeit, Glück (3)
ferīre, feriō	schlagen (3)
figūra, -ae *f.*	Gebilde, Gestalt (2)
fīnīre, fīniō, fīnīvī, fīnītum	begrenzen, beendigen, abschließen (2) (3)
fīrmus, -a, -um	stark, sicher zuverlässig (2) (3)
fortitūdō, -inis *f.*	Tapferkeit (2) (3)
fortuītus, -a, -um	zufällig (3)
fortūnātus, -a, um	glücklich, begütert (2)
fovēre, foveō, fōvī, fōtum	wärmen, hegen, begünstigen (3)
frīgus, -oris *n.*	Kälte (3)
frūgēs, -um *f. Pl.*	(Feld-) Früchte; Nutzen (3)
fruī, fruor, frūctus sum *mit Abl.*	genießen (2) (3)
frūstrā *Adv.*	vergeblich, umsonst (3)
futūrus, -a, -um	künftig (2) (3)

G

gemere, gemō, gemuī, gemitum	seufzen, stöhnen (3)
geminus, -a, -um	doppelt; *Subst.* Zwilling (3)
generāre, generō, generāvī, generātum	erzeugen, erschaffen (2)
gīgnere, gīgnō, genuī, genitum	erzeugen, gebären, hervorbringen (2) (3)
grex, gregis *m.*	Herde, Rudel; Menschenmenge (2)

H

(se) habēre, habuī, habitum	sich verhalten (3)
hērēs, -ēdis *m./f.*	Erbe, Erbin (3)
hīberna, -ōrum *n. Pl. sc. castra*	Winterlager (3)
honestās, -ātis *f.*	Ansehen, Anstand (2) (3)
horrēre, horreō, horruī	von etw. starren, sich entsetzen (3)
horribilis, -e	entsetzlich (2)

I

īgnāvus, -a, -um	träge, feige (3)
īgnōminia, -ae *f.*	Schande (3)
illūstris, -e	hell, glänzend, berühmt (2)
imminēre, immineō, imminuī, imminūtum	herreinragen über, drohen (3)
impedīmentum, -ī *n.*	Hindernis (3)
incidere, incidō, incidī	(hineinfallen), in etw. geraten, sich ereignen (2)
inclūdere, inclūdō, inclūsī, inclūsum	einschließen (3)
incommodum, -ī *n.*	Nachteil, Niederlage (3)
increpāre, increpō, increpuī, increpitum	lärmen; schelten, tadeln (3)
incurrere, incurrō, in(cu)currī, incursum	anrennen, hineingeraten, stoßen auf (2)

indīgnārī, indīgnor, indīgnātus sum	entrüstet sein (3)
indoctus, -a, -um	ungelehrt, ungebildet (1)
industria, -ae *f.*	Fleiß (1)
iners, inertis	ungeschickt, träge (3)
inesse, īnsum, īnfuī	in (an, auf) etw. sein, innewohnen (2) (3)
īnfīnītus, -a, -um	unendlich, unbestimmt (2)
ingenuus, -a, -um	freigeboren, edel (1)
inlūstrare, inlūstrō, inlūstrāvī, inlūstrātum	erläutern; verschönern, berühmt machen (1)
innocēns, -entis	unschuldig, uneigennützig (3)
insistere, institī	auf etwas beharren; hintreten, verfolgen (1)
īnsolēns, -entis	ungewohnt; übermäßig, übermütig (3)
īnstitūtum, -ī *n.*	Einrichtung; Vorhaben (2)
īnstrūmentum, -ī *n.*	Gerät, Werkzeug (3)
integer, -gra, -grum	unberührt, unversehrt (2) (3)
intendere, intendō, intendī, intentum	anspannen, richten auf (3)
interdīcere, interdīcō, interdīxī, interdictum	untersagen (3)
interīre, intereō, interiī, interitum	untergehen (3)
interpretārī, interpretor, interpretātus sum	erklären, deuten, übersetzen (3)
intervallum, -ī *n.*	Zwischenraum, Entfernung, Frist (1)
intervenīre, -veniō, -vēnī, -ventum	dazwischenkommen, hinzukommen; unterbrechen (2)
inūtilis, -e	unbrauchbar, schädlich (3)
invādere, invādō, invāsī, invāsum	losgehen, eindringen; angreifen (3)
investīgāre, -vestīgō, -vestīgāvī, -vestīgātum	aufspüren, ausfindig machen (2)
invidēre, invideō, invīdī, invīsum	(be-)neiden (3)
iūstitia, -ae *f.*	Gerechtigkeit (2) (3)

L

largīrī, largior, largitus sum	schenken gewähren (1)
levāre, levō, levāvī, levātum	heben, erleichtern (1) (2)
libenter *Adv.*	gerne (1)
lucrum, -ī *n.*	Gewinn, Vorteil (1)
lūgēre, lūgeō, lūxī, lūctum	jammern, trauern (3)
lūna, -ae *f.*	Mond (3)

M

maerēre, maereō, maeruī	(be-)trauern (3)
mancipium, iī *n.*	Eigentum, Sklave (3)
māteria, -ae *f.*	Bauholz, Material (1) (2)
medērī, medeor	heilen, abhelfen (3)
medicus, -ī *m.*	Arzt (3)
mediocris, -e	mittelmäßig (2)
melior, melius	besser (2) (3)
mēnsa, -ae *f.*	Tisch, Essen (3)
mentīrī, mentior, mentītus sum	(sich etw. ausdenken), lügen (3)
mereri, mereor, meritus sum	verdienen, sich verdient machen (1)
mergere, mergō, mersī, mersum	eintauchen, versenken (3)
meritō *Adv.*	mit Recht, aus gutem Grund (3)
mīlitia, -ae *f.*	Kriegsdienst (3)

minister, -trī *m.* / **ministra, -ae** *f.*	Diener/Dienerin (3)
ministerium, -iī *n.*	Dienst, Dienerschaft (3)
minuere, minuō, minuī, minūtum	vermindern (3)
miserēri, misereor, miseritus sum	sich erbarmen (3)
miseria, -ae *f.*	Elend, Unglück (3)
misericordia, -ae *f.*	Mitleid (3)
moderārī, moderor, moderātus sum	mäßigen, lenken, leiten (2)
moderātiō, -ōnis *f.*	Mäßigung, Lenkung (2)
molestia, -ae *f.*	Unbehagen, Ärger (2) (3)
molestus, -a, -um	beschwerlich (3)
mōmentum, -ī *n.*	Verlauf, Augenblick (2)
mortuus, -a, -um	tot (2)
mōtus, -ūs *m.*	Bewegung, Erregung (2)
multiplex, -plicis	vielfach, vielfältig, reich gegliedert (1)
mundus, ī *m.*	Weltall, Welt (2) (3)
mūtātiō, -ōnis *f.*	Veränderung, Wechsel (2)

N

nātūrālis, -e	Natur-, natürlich; leiblich, angeboren (1) (2) (3)
philosophia naturalis	Physik (1)
nauta, -ae *m.*	Seemann, Schiffsherr, Kaufmann (3)
necessitās, -ātis *f.*	Notwendigkeit, Not (2) (3)
nihilōminus *Adv.*	nichtsdestoweniger (3)
nix, nivis *f.*	Schnee (2) (3)
nocēre, noceō, nocuī, nocitum	schaden (3)
nūbēs, -is *f.*	Wolke (3)
numerāre, numerō, numerāvī, numerātum	zählen, rechnen, bezahlen (2)
nusquam *Adv.*	nirgendwo, nirgendwohin (1) (2) (3)

O

oblīvīscī, oblīvīscor, oblītus sum	vergessen (2)
obnoxius, -a, -um	verpflichtet, unterworfen, abhängig (3)
occultus, -a, -um	verborgen, heimlich (2)
occupātiō, -ōnis *f.*	Beschäftigung (3)
ōlim *Adv.*	einst, dereinst (3)
oppōnere, oppōnō, opposuī, oppositum	entgegenstellen (3)
ops, opis *f.*	Macht, Hilfe (1)
oriri, orior, ortus sum	entstehen, entspringen (1)
ōrnātus, -ūs *m.*	Schmuck, Ausrüstung (2)
ōtiōsus, -a, -um	frei von Pflichten, müßig; wissenschaftlich tätig (1)

P

parātus, -a, -um	bereit, bereitwillig (3)
paternus, -a, -um	väterlich, vom Vater (3)
paupertās, -ātis *f.*	Armut (3)
peior, -ius	schlechter (3)
pendēre, pendeō, pepēndī	(herab-)hängen, schweben; abhängen, beruhen (2)
percipere, percipiō, percēpī, perceptum	auffassen, begreifen, erlernen (2)

percutere, percutio, percussī, percussum	durchbohren, erschüttern (3)
perīculōsus, -a, -um	gefährlich, riskant (3)
perturbātiō, -ōnis *f.*	Verwirrung (3)
persevērāre, -sevērō, -sevērāvī, -sevērātum	beharren auf/bei, fortfahren (3)
philosophia, -ae *f.*	Philosophie; ‚Liebe zur Weisheit' (1) (3)
philosophus, -ī *m.*	Philosoph (2) (3)
pietās, -ātis *f.*	Pflichtgefühl, Frömmigkeit (2) (3)
plausus, -ūs *m.*	Klatschen, Beifall (1)
pondus, -eris *n.*	Gewicht (3)
populāris, -e	vom Volk, für das Volk, volkstümlich, allgemein bekannt (1) (2)
porrigere, porrigō, porrēxī, porrēctum	(hinstrecken), darreichen (3)
potīrī, potior, potītus sum *mit Abl.*	sich bemächtigen (2)
praeceptum, -ī *n.*	Vorschrift, Lehre (2)
praeditus, -a, -um *mit Abl.*	begabt, versehen mit etw. (3)
praescribere, praescripsī, praescriptum	vorschreiben (1)
praetermittere, -mittō, -mīsī, -missum	vorbeigehen lassen, etw. übergehen (2)
pretiōsus, -a, -um	kostbar, kostspielig (3)
prīncipium, -iī *n.*	Anfang (3)
prōdesse, prōsum, prōfuī, prōfutūrus	nützlich sein, nützen (1)
prōdīre, prōdeō, prōdiī, prōditum	hervorkommen, vorrücken (3)
profugere, profugiō, profūgī	davonlaufen, sich flüchten (3)
prōmptus, -a, -um	bereit, entschlossen (2)
prōnūntiāre, -nūntiō, -nūntiāvī, -nūntiātum	verkünden (2)
prōpositum, -ī *n.*	Vorsatz, Ziel; Thema (3)
proprius, -a, -um	eigen, eigentümlich (1) (2) (3)
pulvis, -eris *m.*	Staub (3)
pūnīre, pūniō, pūnīvī, pūnītum	bestrafen (3)
pūrus, -a, um	rein (3)

Q

quaestio, -onis *f.*	Frage, Untersuchung (1)
quantō *Adv. mit Komparativ*	um wie viel (3)
quiēs, -ētis *f.*	Ruhe, Erholung (3)
quiētus, -a, -um	ruhig (2)
quīn etiam	ja sogar (2)
quisquis, quicquid	wer/was auch immer; jeder der / alles was (1)
quīvīs, quaevīs, quodvīs	jeder beliebige (2)
quondam *Adv.*	einst, dereinst (3)

R

rapidus, -a, -um	reißend schnell (1)
recēdere, recēdō, recessī, recessum	zurückweichen, entschwinden (3)
rēctor, -ōris *m.*	Lenker, Leiter (3)
recūsāre, recūsō, recūsāvī, recūsātum	zurückweisen, ablehnen (2)
redimere, redimō, redēmī, redemptum	loskaufen, pachten, wiedergutmachen (3)
reficere, reficiō, refēcī, refectum	wiederherstellen (3)
reicere, reiciō, reiēcī, reiectum	zurückweisen, ablehnen (2)

removēre, removeō, remōvī, remōtum	wegschaffen (2)
renovāre, renovō, renovāvī, renovātum	erneuern, erfrischen (3)
repudiāre, repudiō, repudiāvī, repudiātum	verschmähen, verstoßen (2)
requiēscere, requiēscō, requiēvī, requiētum	ruhen, sich erholen (3)
reservāre, reservō, reservāvī, reservātum	erhalten, aufbewahren (3)
ruīna, -ae *f.*	Sturz; *im Plural auch:* Trümmer (3)

S

sānus, -a, -um	gesund; besonnen, vernünftig (3)
sapiēns, -entis	weise (2) (3)
sapientia, -ae *f.*	Weisheit (2) (3)
satiāre, satiō, satiāvī, satiātum	(über-)sättigen (3)
scientia, -ae *f.*	Wissen, Kenntnis (1) (2)
sēcernere, sēcernō, sēcrēvī, sēcrētum	absondern, trennen (3)
securus, -a, -um	sorglos, sicher (1)
sēgnis, -e	langsam, lässig (3)
semel *Adv.*	einmal (3)
senectūs, -ūtis *f.*	das Alter (3)
senilis, -e	greisenhaft (1)
sēnsus, -ūs *m.*	Empfindung, Sinn, Verstand (2)
serpere, serpō, serpsī	kriechen, schleichen; um sich greifen (2)
siccus, -a, -um	trocken, durstig (3)
simplex, -icis	einfach, schlicht (1)
simul atque	sobald als (2)
societās, -ātis *f.*	Teilhabe, Gemeinschaft; Bündnis (1) (2) (3)
sōlitūdō, -inis *f.*	Verlassenheit, Einsamkeit (3)
sollicitāre, sollicitō, sollicitāvī, sollicitātum	erregen, reizen, beunruhigen (3)
sordēs, -is *f.*	*meist Plur.* Schmutz, Gemeinheit (3)
sordidus, -a, -um	schmutzig, gemein (3)
spectāculum, -ī *n.*	Anblick, Schauspiel (3)
spernere, spernō, sprēvī, sprētum	verachten (2)
splendēre, splendeō, splenduī	glänzen (3)
splendidus, -a, -um	glänzend, angesehen (2) (3)
splendor, -ōris *m.*	Glanz, Pracht, Ansehen (2)
stabilis, -e	feststehend, standhaft, dauerhaft (2)
status, -ūs *m.*	Zustand (2) (3)
stipendium, -iī *n.*	Sold, Kriegsdienst; Tribut (3)
stirps, stirpis *f.*	Stamm, Spross, Ursprung (2) (3)
studiōsus, -a, -um	eifrig (bemüht) (1)
superstitiō, -ōnis *f.*	Aberglaube (2)
supervacuus, -a, -um	überflüssig, unnütz (1)

T

tardāre, tardō, tardāvī, tardātum	verzögern, hemmen, zaudern (3)
tardus, -a, -um	langsam (3)
temeritās, -ātis *f.*	Zufall; Unbesonnenheit, Planlosigkeit (2)
temperantia, -ae *f.*	Mäßigung, Selbstbeherrschung (3)
tenuis, -e	dünn, zart, schwach (3)